融合型·新形态教材

复旦学前云平台 fudanxueqian.com

"十四五"职业教育江苏省规划教材

普通高等学校学前教育专业系列教材

U0730933

幼儿教育法规与政策

（第三版）

主　编　童宪明

副主编　白金香

编　委（按姓氏笔画排列）

白金香　刘秦中　李　瑛　童宪明

复旦大学出版社

内容提要

本书遵循科学性、师范性、实践性的编写原则，在内容上，主要涉及法的基础知识、教育法的基础知识、儿童权利、幼儿园的法律地位、幼儿园工作人员的职责等，基本上顾及了幼儿教育中的法规政策，对幼儿教师资格考试也有帮助。

教材内容重点突出，文字简洁，通俗易懂，并插入相关的实际案例和分析。教师在教学实践中，可根据学生的实际水平和教学需要，再选择一些更为新鲜的、发生在身边的实例进行分析，对学生更有启发性，教育价值更高。

本教材配有PPT教学课件，可在书中扫描二维码查看、下载；收集了各地电视台有关幼儿园的真实案件和法律纠纷视频作为配套学习资料，可完整填写学校信息发送邮件至583113115@qq.com获取。

与本教材配套的另一本书为《幼儿教育法制案例分析》，精选、分析了153个法制案例，可供教师、学生参考。

复旦学前云平台
数字化教学支持说明

为提高教学服务水平，促进课程立体化建设，复旦大学出版社学前教育分社建设了"复旦学前云平台"，为师生提供丰富的课程配套资源，可通过"电脑端"和"手机端"查看、获取。

💻【电脑端】

电脑端资源包括 PPT 课件、电子教案、习题答案、课程大纲、音频、视频等内容。可登录"复旦学前云平台"www.fudanxueqian.com 浏览、下载。

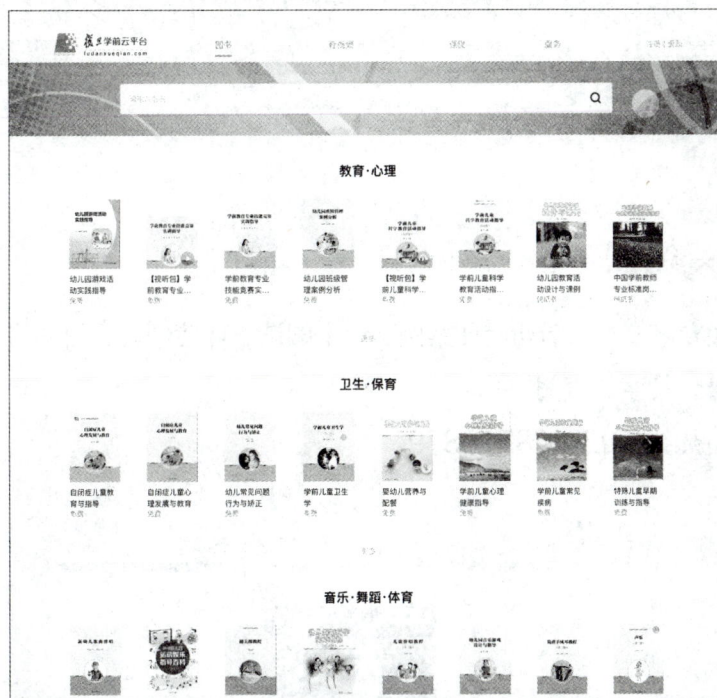

Step 1 登录网站"复旦学前云平台"www.fudanxueqian.com，点击右上角"登录 / 注册"，使用手机号注册。

Step 2 在"搜索"栏输入相关书名，找到该书，点击进入。

Step 3 点击【配套资源】中的"下载"（首次使用需输入教师信息），即可下载。音频、视频内容可通过搜索该书【视听包】在线浏览。

【手机端】

PPT 课件、音视频、阅读材料：用微信扫描书中二维码即可浏览。

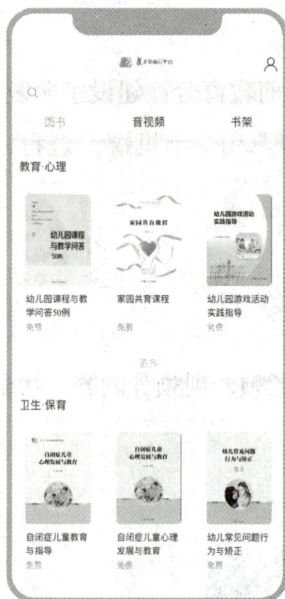

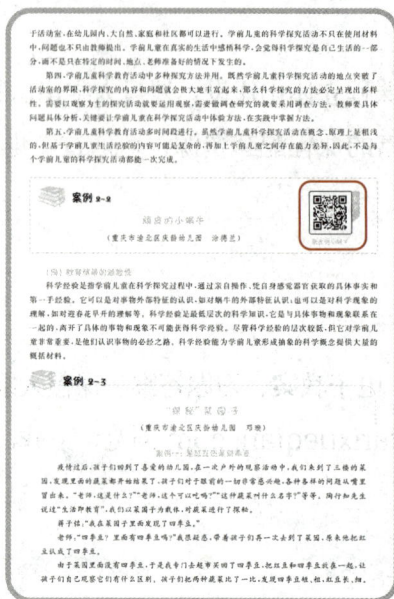

扫码浏览

【更多相关资源】

更多资源，如专家文章、活动设计案例、绘本阅读、环境创设、图书信息等，可关注"幼师宝"微信公众号，搜索、查阅。

平台技术支持热线：029-68518879。

"幼师宝"微信公众号

第三版前言

随着我国普法教育的开展和法治建设的完善,人们的法律意识开始觉醒了,随之而来的是幼儿教育所引发的法律诉讼增加了,幼儿园教师和园长感到有些措手不及。这并不是一件坏事,这是建设法治国家必然出现的现象。同时,促使幼儿教育必须依法治教,促使幼儿园教师必须掌握相应法律法规,在提高教学素养的同时,提高自身的法律素养,这是现代教育对教育工作者的时代要求。

本教材于2013年9月出版,2014年,中国教育新闻网、《中国教师报》联合组织推荐本教材为教师暑期学前教育类阅读书目(第一批),受到了社会的高度关注与好评。基于教材的实用性和社会影响,2019年本书第二版被评为"江苏省高等学校重点教材"。在教育实践中,本教材受到了使用院校师生的好评,发行量逐年上升,至今已经印刷了19次,全国范围内有40多家院校在使用。在第一版的基础上,第二版在第三章中增加了《教师法》概述、《未成年人保护法》概述、《儿童权利公约》概述、《国家中长期教育改革和发展规划纲要(2010—2020年)》概述四节,对第三节《幼儿园工作规程》(以下简称《规程》)概述作了修改,并对全书涉及《规程》的内容进行了更新与修改,使之符合2016年版的新《规程》。这些内容都是目前幼儿园教师资格考试的重要内容,是幼儿园教师必须了解的知识。

2021年1月《中华人民共和国民法典》正式实施,《未成年人保护法》《教育法》都作了修改;2021年10月《中华人民共和国家庭教育促进法》审议通过,自2022年1月1日起施行。为了跟进新的法律条款,本教材进行了第三版修订,对涉及这四部法律条款的内容均作了补充与更新。

本教材遵循科学性、师范性、实践性的编写原则。在结构上,从法的基础知识开始,到教育法的基础知识,再到儿童的权利、幼儿园的法律地位和幼儿园工作人员的相关职责。

在保持教材体系完整性的基础上,插入相关的实际案例和分析,加强学生对相关法律知识的理解。

同时,本书收集了各地电视台有关幼儿园的真实案件和法律纠纷视频作为本书配套学习资料,并进行深度的分析。静态文字与动态视频有机结合,让学生通过直观鲜活的实际案例,有效地掌握幼教相关的法律知识。

广大师生在实际使用第一版本教材后,均希望能获得更多的案例分析,以便更好地理解相关的法律法规,所以复旦大学出版社又组织编写了配套的参考书——《幼儿教育法制案例分析》,书中有158个中外案例供师生阅读,开拓大家的视野。

本教材由童宪明任主编,白金香任副主编。具体编写分工如下:第一、二、三、四章由苏州幼儿师范高等专科学校童宪明编写,第五章由宁夏幼儿师范高等专科学校刘秦中编写,第六、七章由盐城幼儿师范高等专科学校白金香编写,附录"案例分析十例"由童宪明和陕西明珠职业学校李瑛编写,最后由童宪明进行全书统稿。

本书在编写过程中,得到了不少老师、朋友的支持和帮助,也参考了很多相关的资料,在此一并表示感谢。由于时间仓促、水平所限,书中难免存在不足与疏漏,恳请广大教师、专家批评指正。

编 者

目　录

第一章 法的基础知识

PPT 教学课件

法的基础知识
- 法的概念
- 法的起源
  - 法产生的根源
  - 法产生的一般规律
- 法的本质
  - 法首先和主要体现统治阶级意志
  - 法最终决定于社会物质生活条件
- 法的特征
  - 规范性
  - 国家性
  - 意志性
  - 强制性
- 法的渊源
  - 宪法
  - 法律
  - 行政法规
  - 地方性法规
  - 行政规章
  - 民族自治地方的自治条例和单行条例
  - 特别行政区的法
  - 国际条约和国际惯例
- 法的效力
  - 法律对人的效力
  - 法律对事的效力
  - 法律的空间效力
  - 法律的时间效力

第一节 ★ 法 的 概 念

　　法是统治阶级意志和利益的体现,这种意志和利益的内容是由统治阶级的物质生活条件所决定的;法是由国家制定或认可的并由国家强制力保证实施的行为规范体系,它通过规定某种权利与义务,去规范人们(包括自然人和法人)的行为,从而确认、保护和发展有利于统治阶级的社会关系和社会秩序。

　　对法律的理解有广义和狭义两种。广义上的法律与法的含义相同,即指由国家制定或认可,并由国家强制力保证实施的各种行为规范的总称,也就是整体或抽象意义上的法律。狭义上的法律就是指由具有立法权的国家机关按照一定的程序制定和颁布的规范性文件,也就是指具体意义上的法律。

　　从法律定义可以看出,它包括下述含义:

　　第一,法律是行为规范,规范即指约定俗成或明文规定的一种标准。

　　第二,法律是一种特殊的行为规范,是由国家权力机关制定或认可的、用以约束全体社会成员的行为规范,它不同于社会生活中的其他社会行为规范。

　　第三,法律是以国家强制力保障实施的行为规范,即法律的执行、适用和遵守,都以国家强制力作后盾。

第二节 ★ 法 的 起 源

　　法不是从来就有的,如同任何事物一样,法也有发生、发展的过程。法也不会永恒地存在下去。法是社会发展到一定历史阶段才产生的,其后又随着社会的发展而发展,当社会发展到法所赖以存在的社会条件不复存在的历史时代,法也就随之消亡而退出历史舞台。

一、法产生的根源

(一)法产生的经济根源

　　法是社会经济发展到一定历史阶段的产物。原始社会末期,出现了社会大分工和产品交换。开始的交换带有偶然性和任意性,没有一定的规则。随着生产的发展和剩余产品日渐增多,交换逐渐摆脱了偶然性和任意性,产生了一定的规则和秩序。这种规则和秩序起初表现为习惯。以后,随着生产力和交换的进一步发展,随着贸易的兴起、高利贷和典当抵押制的出现,人们的生产、分配、交换等经济活动不断发展变化。新的经济生活需要有新的行为规范来进一步规制日常生产、分配和交换活动,在社会经济生活中居于主导地位的人们为固定有利于自己的新的经济关系,也需要有新的行为规则。这样,原来的氏族习惯逐渐被新的规则所代替,这种不再是全体氏族成员意志体现而首先是一部分人的意志体现的规则就是法。

(二)法产生的阶级根源

社会经济的发展引发私有制和阶级的出现,也是法产生的根本原因。法是在产生了私有制,出现了阶级,在阶级矛盾不可调和的基础上产生的。原始社会末期,生产工具大为改观,社会生产力水平大为提高,由此产生了个体劳动,出现了剩余、私有制和剥削,并进而产生了阶级。富人和穷人、剥削者和被剥削者随之出现,并成为两大对立阶级。在这种情况下,经济上占统治地位的阶级,为了维护其阶级统治,不仅需要建立国家政权,而且需要凭借国家政权认可或制定新的社会规范,规定人们应做什么,不应做什么,可以做什么,并且用国家强制力保证其得以实行,使人们的行为符合有利于统治阶级的新秩序。这种新的社会规范就是法。

二、法产生的一般规律

各国法的产生都有自己的特点,但也都遵循着一般的规律。

法的产生经历了由氏族习惯到习惯法,习惯法到成文法的发展过程。这是一个漫长而复杂的渐进过程。这个过程是同私有制、阶级和国家由萌芽到最终形成的过程相一致的。它们的产生都经历了同一个历史时期,是同步完成的。

法产生的过程受到道德和宗教的极大影响。最初产生的法几乎总是带有浓厚的道德痕迹和宗教色彩。不过,无论立法还是司法所反映的道德规范或宗教戒律,都已不同于原始社会的氏族道德和宗教,它们的性质有了很大变化,它们不是体现全体氏族成员的意志和利益,而是体现奴隶主阶级的意志和利益。

第三节 ★ 法 的 本 质

一、法首先和主要体现统治阶级意志

所有社会规范都以调整一定范围的社会关系为己任,而社会关系在阶级社会则有阶级性。因此,社会规范在阶级社会便有阶级性。法具有阶级性。法是统治阶级制定、认可、变动和运用国家强制力保证实施的,它首先和主要体现统治阶级的意志。这是法的本质尤为突出的表现。

法体现统治阶级意志,是指法体现社会统治阶级整个阶级的共同意志,而不是统治阶级中的个别人或个别集团的意志,更不是个别人的随心所欲。如果法所体现的不是统治阶级的共同意志,而只是体现了统治阶级中某个人或某个集团的意志,这样的法实际上就不是整个统治阶级的法,而是个别人的家规、家法或少数人的帮规、帮法。

法是阶级性和社会性的统一,原因主要在于:首先,法的产生和发展与阶级的产生和发展紧密相关。法是为调整有利于统治阶级的社会关系而产生和发展的,法的阶级性是通过法对社会关系的调整来实现的,因而法在具有阶级性的同时也具有社会性。其次,任何法都有政治职能和社会职能这两种职能,前者表现为充当调整各阶级关系的工具,后者表现为充当管理社会生产、管理社会公共事务和维护社会公共秩序的角色。

二、法最终决定于社会物质生活条件

法不仅具有阶级性和社会性,而且也具有客观性。法体现统治阶级意志,但统治阶级意志并非凭空产生,而是基于统治阶级生活在其中的社会物质生活条件。意志作为一种有目的的意识,属于社会上层建筑的范畴,是物质关系的反映,而一定社会的物质关系则是由一定社会的物质生活条件决定的。因此,法最终决定于社会物质生活条件。就是说,立法者并不能随心所欲地立法,法应当是对现存社会关系——归根到底对现存社会物质生活条件的记载、认可、登记、宣布。法当然对社会物质生活条件发生反作用,而不是消极地反映社会物质生活条件。但不论发生怎样的反作用,法终究是围绕着社会物质生活条件发生作用的,归根结底决定于社会物质生活条件。

法决定于社会物质生活条件表现在两方面:一方面,社会物质生活条件的各个侧面如物质生产方式、地理环境、人口状况等,都对法具有作用,其中物质生产方式具有决定性作用,地理环境和人口状况等具有重要作用。另一方面,法的诸多侧面,如法的产生、特征、本质、作用、价值、发展等,都决定于社会物质生活条件。

第四节 ★ 法 的 特 征

法是由国家制定或认可的,体现统治阶级意志,以权利和义务为主要内容,以国家强制力为保障,具有普遍性的社会规范。法虽然属于上层建筑,但具有不同于其他上层建筑的基本特征。

一、规范性

法是调节人们行为的规范,或者说是调整社会关系的规范。由规范所组成的法,必然表现出鲜明的规范性。同时,法的规范性又使法具有概括性和一般性的特点。概括性是指它为人们的行为提供了一个模式、标准和方向,从而为人们的行为规划出可以自由行动的基本界

限。一般性主要包括三种含义：第一，法是一种抽象、概括的规定，它适用的对象是一般的人或事，而不是特定的人或事；第二，它在生效期间内是反复适用的，而不是仅适用一次；第三，法在同样情况下应该同样适用，也就是通常所讲的"法律面前人人平等"。从法的规范性和一般性这两个属性中还可以派生出法的其他一些属性，如连续性、稳定性、效率性等。在了解法的规范性特征的同时，还要区分规范性法律文件和非规范性法律文件。规范性法律文件属于法的范畴，它所适用的对象不是特定的某个人，而是一般意义上的人。它不是适用一次，而是在其有效期内反复适用。非规范性法律文件不属于法的范畴，而是适用一定法律规范的产物。它们适用于特定的人和事，而且仅适用一次。

二、国家性

法的国家性主要体现在法律规范是由国家制定或认可的。法由国家制定或认可，从而使法具有国家意志的形式。这一特征明显地表现了法与其他社会规范，如道德、宗教规范、政党或其他社会组织的规章，以及习惯礼仪等的差别。国家制定或认可是国家创制法律规范的两种基本形式。国家制定是指有权的国家机关依照法定程序创制法的活动，该种法被称为成文法(典)。国家认可是指国家赋予某些已经存在的习惯以法的效力的活动，此种法被称为习惯法或不成文法(典)。至于由哪些机关制定或认可，以什么方式制定或认可，以制定为主还是以认可为主，在不同时期，由于社会制度、国家或法律传统的不同，差别很大。法的国家性又派生出法的权威性、普遍性和统一性。权威性指法代表国家主权即最高权力的意志。普遍性和统一性则指在主权所及的范围内普遍有效并相互一致和协调。

三、意志性

法是统治阶级意志的体现。法规定或确认法律意义上的权利和义务，这一特征也表明法与其他社会规范的区别。有的社会规范(如政党或其他社会团体的规章)也规定各自成员的某种权利和义务等，但在内容、范围和保证实施的方式等方面，法律上的权利和义务同其他社会规范中所规定的权利和义务有很大区别。例如，道德、宗教等一般仅规定义务而不规定权利。

四、强制性

法是以国家强制力作为后盾而保证实施的。尽管法的每个实施过程和每个规范并非都需要国家系统化的强制力，但从最终来看，法必须依靠国家强制力才能保证实施，这是法实现其本身价值的基本保证。而且正是这种强制性，使法具有普遍的约束力，在国家领域内的所有行为都要受到法律的规范和约束，在国家领域以外但由本国公民做出的行为，也依然受到该国法律的规范和约束。

第五节　法的渊源

法的渊源，又称法律渊源、法源，是指法的来源、本源。法的渊源有多种含义，我国关于法的渊源的理解主要是指法的形式渊源，即拥有不同立法权限的国家机关依照法定职权和程序创制的具有不同法律效力和地位的法律规范的外在表现形式。在我国，它主要包括以下八类。

一、宪法

在我国社会主义法的渊源中，宪法是国家的根本大法，它规定国家的根本制度和根本任务，具有最高的法律地位和效力，是制定一切法律、法规的依据。它是全国人民代表大会制定、通过和修改，是规定国家根本的政治、经济和社会制度，公民的基本权利和义务，国家机关的组织结构和活动原则等国家和社会生活中最基本、最重要问题的法律。

二、法律

这里所说的法律是狭义上的、作为一种法的渊源的法律。在我国，它是由全国人民代表大会及其常务委员会制定和修改的，内容涉及国家和社会生活的基本问题，具有仅次于宪法效力的规范性文件。法律可以分为基本法律和非基本法律。基本法律是由全国人民代表大会制定和修改的，规定或调整国家和社会生活中在某一方面具有根本性和全面性关系的法律，包括关于刑事、民事、国家机构和其他方面的基本法律。非基本法律是由全国人民代表大会常委会制定和修改的，规定和调整除基本法律以外的，关于国家和社会生活某一方面具体问题的法律。

三、行政法规

行政法规是由国务院依法制定和修改的规范性法律文件，其效力仅次于法律。

四、地方性法规

地方性法规是指省(自治区、直辖市)以及省(自治区)人民政府所在地的市和经国务院批准的较大市的人民代表大会及其常务委员会根据本行政区域的具体情况和实际需要，依据法律规定的权限发布的规范性文件，其效力次于行政法规。

五、行政规章

行政规章包括部门规章和政府规章两类。部门规章是指国务院所属各部、各委员会在权限内制定的规范性法律文件,其效力次于行政法规。政府规章是指由省、自治区、直辖市以及省、自治区人民政府所在地的市和经国务院批准的较大市的人民政府为保证法律、法规的遵守和执行,依法制定和发布的规范性文件,其效力次于地方性法规。

六、民族自治地方的自治条例和单行条例

民族自治地方的自治条例和单行条例是指民族自治地方(包括自治区、自治州和自治县)的人民代表大会制定或批准的规范性法律文件。自治区的自治条例和单行条例报全国人大常委会批准后生效。自治州、自治县的自治条例和单行条例,报省或者自治区人大常委会批准后生效。

七、特别行政区的法

特别行政区的法是指由特别行政区的国家机关在宪法和法律赋予的职权范围内制定或认可,并由国家强制力保证实施的,在特别行政区内具有普遍约束力的行为规范的总和,是根据我国"一国两制"的基本方针和宪法的规定制定的。

八、国际条约和国际惯例

我国同外国缔结的双边条约和多边条约、协定和其他具有条约、协定性质的文件是我国法的渊源之一。国际条约中没有明确规定的,可以适用国际惯例。

第六节　法的效力

法的效力,即法律的约束力,是指人们应当按照法律的规定进行一定的行为。一般而言,法律的效力来源于它的合法程序和国家强制力。通常,法的效力可以分为规范性法律文件的效力和非规范性法律文件的效力。规范性法律文件的效力,也叫狭义的法的效力,指法律的生效范围或适用范围,即法律对什么人、什么事、在什么地方和什么时间有约束力。非规范性法律文件的效力,指判决书、裁定书、逮捕证、许可证等文件的效力。这些文件在经过法定程序之后也具有约束力,任何人不得违反。但是,非规范性法律文件是适用法律的结果而不是法律本身,因此不具有普遍约束力。这里讲的法的效力主要是指狭义的法的效力。狭义的法的效力可以分为四种,即对人的效力、对事的效力、空间效力、时间效力。

一、法律对人的效力

法律对人的效力,指法律对谁有效力,适用于哪些人。根据我国法律,对人的效力包括两个方面:第一,对中国公民的效力。中国公民在中国境内一律适用中国法律。在中国境外的中国公民,也应当遵守中国法律并受中国法律的保护。第二,对外国人和无国籍人的效力。外国人和无国籍人在中国领域内犯罪的,除法律另有规定外,适用中国法律;外国人在中国领域外对中国国家或者中国公民犯罪的,若按《中华人民共和国刑法》规定应处最低刑罚 3 年以上有期徒刑的,可以适用中国刑法,但是按照犯罪地的法律不受处罚的除外。

二、法律对事的效力

法律对事的效力,指法律对什么样的行为有效力,适用于哪些事项。这种效力范围的意义在于:第一,告诉人们什么行为应当做,什么行为不应当做,什么行为可以做。第二,指法律对什么事项有效,确定不同法律之间调整范围的界限。比如,专利法是规定专利权的享有及保护的法律,它区别于其他民事法律。

三、法律的空间效力

法律的空间效力,指法律在哪些地域有效力,适用于哪些地区。一般来说,一国法律适用于该国主权范围所及的全部领域,包括陆地、水域及其领土和领空,以及作为领土延伸的本国驻外使馆和在领域外的船舶及飞机。具体地说,由于法律的内容和制定的机关不同,其效力范围也不相同,大致有以下三种:第一,在全国范围内生效。例如,全国人民代表大会及其常务委员会制定的法律,国务院颁布的行政法规和决定、命令等。第二,在局部地区有效,如地方性法规和只在特定地区内生效的法律。第三,有的法律不但在国内有效,在一定条件下其效力还可以超出国境。

四、法律的时间效力

法律的时间效力,指法律何时生效、何时终止效力,以及法律对其生效以前的事件和行为有无溯及力。法律的生效时间主要有三种:第一,自法律公布之日起生效;第二,由该法律规定具体生效时间;第三,规定法律公布后符合一定条件时生效。法律效力终止,即法律被废除,指法的效力的消灭。它一般分为明示的废止和默示的废止两类。明示的废止,即在新法或其他法律文件中明文规定废止旧法。默示的废止,即在适用法律中,新法与旧法冲突时,适用新法而使旧法事实上被废止。法律溯及力,是指法律对其生效以前的事件和行为是否适用。如果适用,就具有溯及力;如果不适用就没有溯及力。

案例

借车出事,如何赔偿?[①]

【案情】

刘强的家在苏中地区,临近国庆假日要回家一趟,因为要带一些节礼回去,坐大巴不方便,高铁也没通车,为了节省时间,刘强打算向朋友赵四借车开回家去。赵四一开始是不同意的,因为车是登记在自己妻子名下的,而且也准备卖车换新车了,想少跑点里程数能多卖点钱,但是朋友之情推脱不了,最后还是将车借给了刘强。第二天,刘强开着车回老家,因为是朋友的车自己操作还不是很熟练,刚下高速便追尾了前方的车辆,自己全责,不但没能及时回家,还给自己惹出了一茬子麻烦事儿。刘强擅自报了车险后,4S店将车拖到店里,核算了维修费用大约为1.2万元,刘强垫付了这笔费用。后来保险公司将车辆维修费用赔偿给了车主赵四和其妻子。刘强认为是自己失误造成了朋友赵四的不便,但是保险公司已经把维修费赔偿给了赵四夫妇,所以自己只答应赔偿赵四夫妇5 000元赔偿金,因为自己已经垫付了1.2万元,所以要求赵四夫妇退还其7 000元。

赵四夫妇认为因为车辆出了车祸,所以再转手的话,影响了售价,比没有出过事故的车便宜了2万元,而且其私自报车险引起了保费上涨,所以不打算归还刘强这笔钱,就当是抵消车辆贬值了。双方协商多次不成后,刘强一怒之下撕破了朋友情谊,将赵四夫妇告上了法庭。

【分析】

这是一起朋友间借车发生的纠纷,在日常生活中并不少见。

法院立案后,主审法官仔细核实了证据,在厘清案情后认为,原告刘强拥有符合要求的驾照,驾驶被告赵四夫妇所有的小型轿车发生事故,并支付了该车的修理费1.2万元,上述费用在车损险的理赔范围内,而且原告刘强垫付上述款项后,被告赵四夫妇已经从保险公司获得理赔,原告刘强垫付的该部分费用应予返还。对于被告赵四夫妇所抗辩车辆存在贬值的损失,赵四夫妇未能举证证明,法院不予采信。所以,赵四夫妇应当返还原告垫付的费用共计1.2万元,现刘强要求赵四夫妇返还7 000元,并无不当。最终判决:赵四夫妇在规定期限内归还刘强7 000元。

这一判决是合法合理的。本案中刘强先垫付了1.2万元,在赵四夫妇取得了保险公司的理赔后,要求赵四返还7 000元,就是愿意赔偿5 000元。这是建立在朋友情义之上的行为,也是符合法律的要求的。

---

① 赵晨民.节假日借车回家出车祸[N].姑苏晚报,2017-01-09.

【建议】

1. 借车时要确认对方持有有效的驾照,驾照类型符合驾驶的车型,且对方在借车时不存在酒驾、毒驾等情况,否则一旦出事故,车主也要承担赔偿责任。

2. 小心驾驶,如遇到事故应及时坦诚告知车主并负责维修。

思 考 题

1. 谈谈对法律的理解。

2. 如何认识法律的效力?

第二章 教育法的基础知识

PPT 教学课件

```
教育法的基础知识
├── 教育法概述
│   ├── 教育法的概念
│   ├── 教育法的特征
│   ├── 教育法律体系
│   └── 我国教育立法的基本历程
├── 教育法律关系
│   ├── 教育法律关系的含义
│   ├── 教育法律关系的主体
│   ├── 教育法律关系的客体
│   └── 教育法律关系的内容
└── 教育法律责任
    ├── 法律责任的含义和种类
    ├── 教育法律责任的种类
    └── 教育法律责任的认定
```

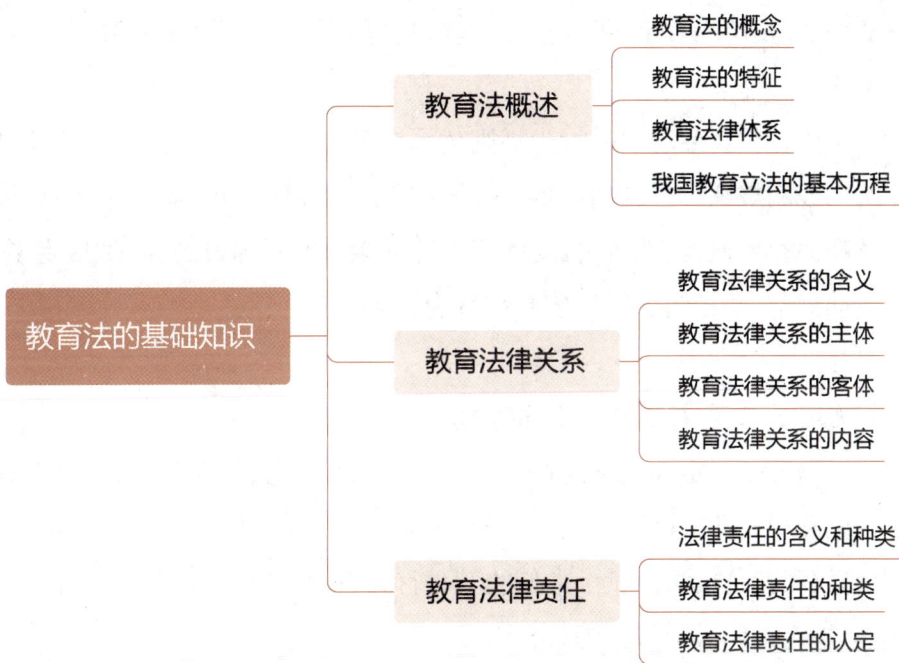

第一节 ★ 教育法概述

一、教育法的概念

教育法是现代国家法律体系的一个重要组成部分,对教育法的理解,可以从广义和狭义两个层面来理解。广义的教育法是指由国家制定的,调整教育法律关系、规范社会主体的教育活动,规定社会主体在教育活动中的权利和义务的法律规范的总称。广义的教育法的制定主体是多元的,不仅有最高立法机关、地方立法机关,还有政府及政府有关部门。在形式上包括宪法性文件、法律、法规、规章等有关教育活动的规范性文件。狭义的教育法一般是指由国家最高立法机关制定的教育基本法。这里所论述的教育法,主要是广义层面的教育法。

二、教育法的特征

(一) 教育法是一种特殊的社会规范

社会规范是调整人与社会关系的行为规则,包括法律规范、道德规范、社会团体规范等。法律规范具有高度规范性、概括性和可预测性等特点。规范性是指法律规范规定了人们在一定情况下可以做什么,应当做什么,不能做什么,从而为人们确立了明确的行为模式和标准。概括性是指法律规范提供的行为标准,是从各种具体行为中概括出来的一般尺度,而不是指对某一特定场合和特定主体的个别性指令。可预测性是指法律规范的内容具有稳定性,可以反复适用,人们根据法律规范的规定,可以预先知晓自己和他人的行为的法律后果,以便正确选择自己的行为方式。

教育法是教育主体在教育活动中的行为规则体系。例如,《中华人民共和国教育法》就是由若干行为规则所构成的规则体系,以权利和义务为特有的表现形式,规定了教育活动中的国家、政府、学校及其他教育机构、教育者、受教育者等各主体的行为方向,同时规定了各主体作为和不作为的活动规范,并指明了行为条件和行为后果。

(二) 教育法规定了教育主体的权利和义务

法律规范的核心内容是规定人们之间在法律上的权利和义务,法正是通过规定人们在一定社会关系当中的权利和义务来确认、保护和发展有利于统治阶级的社会关系和社会秩序。一般来说,法律上的权利就是指法律赋予人们的某种行为自由,这种自由受法律保护;而法律上的义务,是指法律规定人们必须履行的某种责任。

教育权利是教育法规赋予人们所享有的有关教育的权益,它允许人们根据自己的愿望选择作为或不作为某种教育行为;教育义务是教育法规要求人们应履行的有关教育的责任,它规范人们必须作为或不作为某种教育行为。教育法规定了教育主体的权利和义务。

(三) 教育法以教育关系为特有的调整对象

教育关系是围绕着培养人而产生的社会关系。与其他部门法调整的社会关系相比,其特殊性主要表现在,它以培养人才为核心,以尊重知识、尊重人才为特点。教育活动,是与人类共存的永恒的智力开发活动;是延续和发展人类文明的智力接力活动。教育领域有其自身特殊的规律。例如,教育要适应人的发展特点,教与学相互依存,传授知识与发展智力、培养能力相互促进,循序渐进,因材施教等。

根据教育的性质和特点,教育法调整教育关系的主要原则有: 遵循教育客观规律的原则;教育与社会相适应原则;教育促进人的全面发展原则;教学民主的原则;受教育机会均等的原则;教育与宗教分离的原则;教育不得以营利为目的的原则等。这些原则在《中华人民共和国教育法》《中华人民共和国教师法》《中华人民共和国义务教育法》中都被定为基本原则。

（四）教育法的调整方法具有自身的特点

法律调整的方法指：确定法律所调整的社会关系的不同主体；确定这种主体之间权利和义务关系的不同形式和确定法律制裁的不同方法。

(1) 教育法律关系主体中既有与其他法律关系相同的主体，更有其他法律关系中所没有的主体，如学校、教师、受教育者等，他们的法律地位是由教育法来确定的，其权利义务也是由教育法赋予的。

(2) 教育法律关系主体之间权利和义务的性质与形式，有教育法自身的特点。在教育法律关系中有一部分权利义务产生在有隶属关系的主体间，如教育行政机关与教育机构之间的关系。此时行政机关实现行政职能，行政机关与教育机构是管理与被管理的关系，它们不是一种平等的关系。除此之外，在教育法律权利义务关系中，还有一种平等的关系，或者是有很大民主性的法律关系，甚至是十分特别的法律关系，如学校与用人单位之间的人才委托培养合同关系、学校与家长之间的关系、班主任与家长之间的关系、民办教育机构中的教师聘任关系、学校与企业联合开发的合同关系或联营关系。学校与教师、学生的关系不同于行政机关与公务员之间的关系。学校活动是在民主化、科学化的要求下进行的，参与这一活动的主体——教师、科研人员以及学生都是脑力劳动者，从事精神领域的创造性活动。它要求有一个让人心情舒畅、宽松和谐的环境，要求尊重人的智慧和才干。尽管在学校内部也存在管理问题，但它有别于行政机关对行政相对人的管理，不是一种简单的领导与服从、命令与执行的隶属关系。学校必须依靠广大师生民主办学，这也是教育活动的客观规律所要求的。师生关系是一种十分特殊的法律关系，不能简单地说他们之间是平等的关系或是不平等的关系。师生之间是一种尊师爱生的特殊关系，它在我国许多教育法律规范中都有所体现。可见，教育法中权利与义务是一类较为特殊的权利义务，由反映教育规律的教育部门法专门调整。

(3) 教育法制裁的方法有自己的特色。法具有强制性，教育法也同样有强制性。我国现行教育法律法规对违反教育法的法律责任是比较完善的。其特色有：第一，教育法强制实施的力度和范围与其他法有很大的不同，正面奖励的规范比较突出。第二，法律的实施同时依靠社会力量的维护和公民的自觉遵守。教育关系到公民及其家庭成员素质的提高，有共同的利益基础，也比较容易自觉遵守。第三，在制裁手段上综合运用行政的、民事的、经济的和刑事的制裁方法。

三、教育法律体系

教育法律体系是我国法律体系的一个重要组成部分，是我国现行教育法律规范按照一定的原则组成的一个相互联系、相互协调、完整统一的整体系统。它由以下部分构成。

1. 教育根本法

教育根本法主要是指宪法性教育法律规范,属于教育法律体系的母法。例如,《中华人民共和国宪法》第十九条规定,"国家发展社会主义的教育事业,提高全国人民的科学文化水平""国家举办各种学校,普及初等义务教育,发展中等教育、职业教育和高等教育,并且发展学前教育"等。

2. 教育基本法

在我国,教育基本法就是指由全国人民代表大会制定的《中华人民共和国教育法》。这一基本法直接依据宪法对社会教育活动的各个方面作出了系统的规定。

3. 教育主体法

教育主体法是关于教育管理机关、学校及其他教育机构、教师和其他教育工作者,以及受教育者的资格、权利义务等方面的法律规范的总和。

4. 学前教育法

学前教育法是关于学龄前儿童教育教学方面的法律规范的总和。

5. 义务教育法

义务教育法以《中华人民共和国义务教育法》为主体,是我国实行义务教育制度的法律规范的总和。

6. 职业教育法

职业教育法是规范职业教育活动,调整职业教育法律关系的法律规范的总称。

7. 高等教育法

高等教育法是调整高等教育活动的法律规范的总称。

8. 教育行政法

教育行政法是调整和规范教育行政关系的法律规范的总称。教育行政法贯穿于教育行政立法、教育行政执法和教育行政法律监督等教育行政法律制度运行的全过程。

9. 教育程序法

教育程序法是指教育法律法规规定的教育活动和教育管理行为应当遵循的程序和步骤的法律规范的总和。至今,我国还没有专门的教育程序法,教育程序规范主要散见于各类教育法律法规之中。

改革开放以来,全国人大及其常委会先后制定了《中华人民共和国学位条例》《中华人民共和国义务教育法》《中华人民共和国教师法》《中华人民共和国教育法》《中华人民共和国职业教育法》《中华人民共和国高等教育法》《中华人民共和国国家通用语言文字法》《中华人民共和国民办教育促进法》,国务院制定了16项教育行政法规,教育部制定了200多项规章,已初步形成了中国特色社会主义教育法律体系。

四、我国教育立法的基本历程

中华人民共和国成立后,我国社会主义建设事业经历了不同的发展阶段。在不同的发展阶段中,教育立法工作也处于不同的状况。

(一)前"十七年"的教育立法

1949年中华人民共和国的成立结束了我国半封建半殖民地的历史,国家教育事业也因此进入了新的发展轨道。此后的17年间,我国社会经历了从新民主主义向社会主义过渡的时期和建设社会主义的时期,这一时期教育立法工作有了起步。

1. "过渡"时期的教育立法(1949—1956年)

1949年9月,中国人民政治协商会议在北京举行,会议通过了《中国人民政治协商会议共同纲领》(以下简称《共同纲领》),这是一部起着临时性宪法作用的纲领。《共同纲领》第五章为"文化教育政策"。文化教育政策明确了国家教育的性质、内容与任务。《共同纲领》第四十一条规定:"中华人民共和国的文化教育为新民主主义的,即民族的、科学的、大众的文化教育。人民政府的文化教育工作,应以提高人民文化水平,培养国家建设人才,肃清封建的、买办的、法西斯主义的思想,发展为人民服务的思想为主要任务。"第四十七条规定:"有计划有步骤地实行普及教育,加强中等教育和高等教育,注重技术教育,加强劳动者的业余教育和在职干部教育,给青年知识分子和旧知识分子以革命的政治教育,以适应革命工作和国家建设工作的广泛需要。"《共同纲领》中关于文体教育政策的种种条款,是指导中华人民共和国成立初期教育事业发展的重要法规。

遵循《共同纲领》的精神,中华人民共和国成立初期我国迅速开始了对旧学校的改造和新教育制度的创建。1950年12月,中央人民政府政务院作出了《关于处理接收美国津贴的文化教育救济机关及宗教团体的方针的决定》;1951年8月,中央人民政府政务院发布了《关于整顿和改进小学教育的指示》;同年,中央人民政府政务院通过了教育部《关于1953年全国高等学校院系调整的计划》。20世纪50年代初期,国家还颁布了《高等学校暂行规程》《专科学校暂行规程》《关于接办私立中、小学的批示》等法规。在学前教育方面,1951年政务院《关于改革学制的决定》规定:"幼儿园应在有条件的城市首先建立,然后逐步推广。"1956年内务部、教育部、卫生部颁发的《关于托儿所、幼儿园的几个问题的联合通知》指出:"托儿所和幼儿园必须有相应的增加……在城市中由厂矿、企业、机关、团体、群众举办,在农村提倡农业生产合作社举办。"

这一系列法规的出台,尤其是政务院关于改革学制的决定的颁布和实施,对中华人民共和国成立初期教育事业的变革与发展起到了十分重要的作用,产生了深远的影响。

2. "建设"时期的教育立法(1957—1966年)

1957年至1966年,我国的教育战线如同经济战线一样,先是经历了"大跃进",然后经历了整顿与调整。1958年中共中央、国务院作出了《关于教育工作的指示》,该指示提出:"党的教育工作方针,是教育为无产阶级政治服务,教育与生产劳动相结合,为了实现这个方针,教育工作必须由党来领导。"党的这一教育方针,对社会主义的教育事业曾经起过非常强烈的规范与指导作用。它具有极强的权威性,成为一种必须绝对遵从的"法规"。

"大跃进"时期,中国教育事业也呈现出"大跃进"式的发展。多快好省地发展社会主义教育事业,既成为一时的决策,也成为举国上下的行动。当时,中共中央、国务院明确提出:"全国应在3年至5年的时间内,基本上完成扫除文盲,普及小学教育,农业合作社应社社有中学和使学龄前儿童大多数都能入托儿所和幼儿园的任务。应当大力发展中等教育和高等教育,争取在15年左右的时间内,基本上做到使全国青年和成年,凡是有条件的和自愿的,都可以受到高等教育。我们将以15年左右的时间来普及高等教育,然后再用15年左右的时间来从事提高的工作。"中共中央、国务院的这一要求在全国产生了热烈的反响。在短短的几年内,中国教育事业的发展,真可谓突飞猛进,蒸蒸日上,与工农业生产的"大跃进"相对应。

20世纪60年代初期,因"大跃进"导致经济发展的不良后果已严重显现,国民经济的调整势在必行。与此相适应的是,教育事业的调整也必须进行。教育的调整主要表现为:调整发展的规模与速度,尤其是高等教育与中等教育要缩短"战线"、压缩规模、合理布局与提高质量,同时调整高校与中专学校的专业设置。为此,国家制定了三部重要的教育法规,即《中华人民共和国教育部直属高等学校暂行工作条例(草案)》《全日制中等学校暂行工作条例(草案)》《全日制小学暂行工作条例(草案)》。这对中华人民共和国成立以来我国高等学校、中学和小学工作作出了系统而科学的规范,它对稳定各级各类学校的教学秩序,规范学校的办学行为以及提高教育质量,均产生了良好的影响和作用。

(二)"文化大革命"时期教育立法受到破坏(1966—1976年)

1966—1976年十年间,中国经历了史无前例的"无产阶级文化大革命"。这时期,国家的经济、政治、文化建设均受到了摧残与破坏。

"文革"期间的教育工作,实际上是处于一种"无法"状态,教育立法停顿。在极"左"错误思潮的主宰与影响下,教育领域经历了空前的"大批判"。"前十七年"的教育被斥之为修正主义教育,"前十七年"制定的教育法规也被斥之为修正主义的教育法规,不仅被弃之不用,而且还成为大批判的重点内容与对象。于是,教育工作呈现混乱不堪的局面,整个社会的人才培养出现严重的断层现象。

(三)改革开放新时期的教育立法(1977—2000年)

1976年10月,中国结束了"文化大革命"。1978年中国共产党十一届三中全会召开,会议确定了"改革开放"的方针,这标志着中国进入了新的历史时期。

1977 年我国恢复了高考制度,由此使国家的教育事业重新步入了正常的发展轨道。为保障教育秩序恢复正常和教育事业正常发展,国家同时恢复了相关的教育法规。如 20 世纪 60 年代颁行的《中华人民共和国教育部直属高等学校暂行工作条例(草案)》《全日制中等学校暂行工作条例(草案)》《全日制小学暂行工作条例(草案)》重新获得新生,这不仅对教育战线的"拨乱反正"起到了良好的保障作用,也表明了国家在依据法规治理教育。

1980 年 2 月 12 日,第五届全国人大常委会第十三次会议通过了《中华人民共和国学位条例》,这是改革开放以来,由我国最高权力机构制定的第一部专项教育法规。1986 年 4 月 12 日,第六届全国人民代表大会第四次会议通过了《中华人民共和国义务教育法》,这是根据宪法与我国的国情,为发展基础教育,保证义务教育的有效实施而制定的重要法规,对于全面提高国民的素质具有十分重要的意义。

1995 年 3 月 18 日,第八届全国人民代表大会第三次会议通过了我国教育法的基本大法——《中华人民共和国教育法》,这对于规范和促进我国各级各类教育事业的发展具有特别重要的意义。其后,《中华人民共和国职业教育法》颁布,为发展职业教育提供了法律保障。

改革开放给中国的学前教育带来了无限生机。党中央、国务院把学前教育事业列入了重要发展规划并提到了议事日程。1979 年 6 月 18 日,第五届人大二次会议通过的《政府工作报告》指出:"要十分重视发展托儿所、幼儿园,加强学前教育。"同年 11 月 8 日,教育部颁布了《城市幼儿园工作条件(试行草案)》。作为"文革"以后的第一个学前教育政策文件,该文件对学前教育发展方针、教育目标、内容和管理制度作出了详尽的规定,以指导幼儿园工作人员把握方向、分辨是非,较为迅速地恢复幼儿园的正常工作秩序。1981 年 10 月 31 日,教育部发布《关于试行幼儿园教育纲要(试行草案)的通知》,作为各类幼儿园进行教育工作的依据,要求各地幼儿园结合实际试行,此文件是我国改革开放以来第一个幼儿园课程标准。1981 年 6 月,卫生部颁布了《三岁前小儿教养大纲》。这是中华人民共和国成立后,首次就 0～3 岁儿童的集体教育工作作出明确的规范。为了进一步确保婴幼儿的安全和健康,在修订《托儿所、幼儿园卫生保健制度(草案)》的基础上,卫生部于 1985 年颁发了《托儿所、幼儿园卫生保健制度》。1989 年 6 月,国家教委颁布《幼儿园工作规程(试行)》(国家教委第 2 号令),在重申 1981 年《教育纲要》基本精神的基础上,规定了国家对幼儿园的基本要求和管理的基本原则,全面、系统地对幼儿园的各项保教工作作出了规定。

1989 年 8 月 20 日,国务院批准了新中国第一个学前教育行政法规——《幼儿园管理条例》(国家教委第 4 号令)。此条例明确了地方人民政府发展和管理学前教育的职责,提出"地方各级人民政府可以依据本条例举办幼儿园,并鼓励和支持企业事业单位、居民委员会、村民委员会和公民举办幼儿园或捐资助园。……地方人民政府应当根据本地区社会经济发展状况,制订幼儿园的发展规划。……幼儿园的管理实行地方负责,分级管理和各有关部门分工负责的原则"。文件还对开办幼儿园的基本条件和审批程序,幼儿园的保教工作、行政事务及奖励处罚等作出了明确规定。

(四)进入新世纪以来的教育立法

新世纪开启以来,我国教育立法工作取得了令人瞩目的进展。《中华人民共和国民办教育促进法》《中华人民共和国民办教育促进法实施条例》相继出台并进行了修订。颁布了《中华人民共和国中外合作办学条例》,修订了《中华人民共和国教育法》《中华人民共和国义务教育法》。

在学前教育领域,2021年公布了《中华人民共和国学前教育法草案(征求意见稿)》,预示着学前教育内最高层级的法律将要出台,弥补这一学段的法律空缺。

《幼儿园教育指导纲要(试行)》《3—6岁儿童学习与发展指南》《幼儿园教师专业标准(试行)》《幼儿园园长专业标准》《学前教育专业师范生教师职业能力标准(试行)》等规范性文件的出台,为学前教育的健康发展提供了更加有力的政策支撑。

第二节　教育法律关系

一、教育法律关系的含义

教育法律关系是教育法律规范在调整人们有关教育活动的行为过程中形成的权利和义务关系。

教育法律关系的构成要素有主体、客体和内容。

(1) 教育法律关系的主体,是指教育法律关系的参加者,也称作权利主体或权利义务主体,包括教育法律关系中权利的享受者和义务的承担者,享有权利的一方称为权利人,承担义务的一方称为义务人。

(2) 教育法律关系的客体又称权利客体,是教育法律关系主体的权利与义务所指向的对象(标的)。没有客体,权利和义务就失去目标。但并不是一切独立于主体而存在的客观对象皆能成为客体,只有那些能够满足主体利益的并得到国家法律确认和保护的客观对象(如物、行为)才能成为法律关系客体,成为主体的权利与义务所指向的对象。

(3) 权利与义务构成法律关系的内容,法律的实质是要确定法律关系参加者的权利和义务。权利和义务是法律关系的核心,没有权利和义务为内容,就无所谓法律关系。

法律上的权利,是指法律关系主体依法享有的某种利益或资格,表现为权利人可以作出一定的行为或不作为,并能要求义务人实施一定的行为或不作为。一切法定的权利,国家都通过强制力给予保障,当法定的权利受到侵害时,权利人有权向有关国家机关请求法律保护。

法律上的义务,是指法律关系主体依法承担的责任,表现为义务的承担者(即义务人)必须依法实施一定的行为或不作为。一切法定的义务,不论是积极的(作为),还是消极的(不作为),国家都以强制力强制义务人履行,当义务的承担者拒绝履行应尽的义务时,国家的司法机关或其他有关机关有权采取措施强制其履行,甚至要求义务的承担者负相应的行政、民事或刑事法律责任。

二、教育法律关系的主体

教育法律关系的主体是教育法律关系的参加者。教育法律关系的主体具有多样性。与教育活动有关的教育者、受教育者、教育公务员、教育行政机关、学生家长等,都可以在一定的条件下成为教育法律关系的主体。一般而言,教育法律关系的主体主要包括三类:个人主体、集体主体和国家主体。个人主体主要是指自然人,包括从出生到死亡的一切人。受教育者、教育者、学校管理者、家长、教育公务员等都属于自然人。集体主体主要包括法人和非法人组织。教育行政机关、经过政府审批成立的学校等都是法人。还有一类教育法律关系的主体是国家主体。国家主体主要以国际法主体的名义参与国际教育活动,签署国际教育协议等。在国内,教育法律关系的国家主体主要通过各级权力机关、各级司法机关、各级政府和各级教育行政机关等来体现,它们以国家的名义行使教育立法权力、教育司法权力、教育行政权力等。

三、教育法律关系的客体

教育法律关系的客体是主体的权利和义务形成的基础,没有这个基础,权利和义务就无从产生。在教育法律关系中,权利主体指向的对象与义务主体指向的对象具有一致性,即都指向同一对象。如果不能指向同一对象,则不会产生教育法律关系。

教育法律关系的客体包括以下三个方面。

(1) 物和物质财富。包括动产和不动产。学校的不动产主要有土地及各种场地、房屋及其他建筑设施、学校的各种场馆等。学校的动产有学校的各种资金、设备等。

(2) 非物质财富。包括创作活动的产品和其他与人身相联系的非财产性财富。前者也被称作智力成果,在教育领域中主要指包括各种教材、著作在内的成果,各种有独创性的教案、教法、教具、专利、发明等。其他与人身相联系的非物质财富包括公民(如教师、学生)或组织(如教育行政机关、学校等)的姓名或名称,以及公民的肖像、名誉、身体健康、生命等。

(3) 行为。行为是指教育法律关系主体实现其权利与义务的作为或不作为。行为主要有:具体教育行政行为,是各级政府及教育行政机关为实现对教育事业的管理,根据教育法行使行政职能,能够直接或间接产生法律效果的行为;学校管理行为,是学校根据教育法的规定实现其权利与义务,依照学校章程进行自主管理的行为;教育者的教学行为;受教育者的受教育行为以及其他教育法律关系主体的行为等。

四、教育法律关系的内容

权利与义务构成教育法律关系的内容。教育法的实质是确定教育法律关系参加者的教育法上的权利与义务。因此,教育法上的权利与义务是教育法律关系的核心。

教育法律关系中,权利与义务是统一的、不可分割的。实际上,在教育法律关系中,权利主体的权利依赖于义务主体是否履行了教育法上的义务。义务主体如果不承担教育法上的义务,权利主体的权利就是一句空话了。权利与义务的统一性还表现在,不能只强调自己一方的权利而忽视履行义务,也不能仅强调履行义务而忽视权利的行使。在法治社会,从来没有人只享受权利而不承担义务,也从来没有人只承担义务而不享受权利。不论是享受权利还是承担义务,都应在法定的范围内进行。行使权利必须以履行一定的义务为条件,而履行义务时也同时享受权利。

教育法律关系中所要求的权利和义务,在很多情况下表现为主体的同一性,如个人受教育权利与义务同一,教育工作者行使教育工作权利和履行教育工作义务同一,国家举办教育事业的权利与责任同一等。这不仅是因为教育权利和义务之间存在统一性,还由于教育作为一种培养人的活动,不仅符合个人利益,也符合社会利益。个人发展与社会发展之间的这种统一性,是教育权利与义务存在主体同一性的基础。

第三节 ★ 教育法律责任

一、法律责任的含义和种类

(一)法律责任的含义

法律责任是指行为人由于违法行为、违约行为或者由于法律规定而应承担的某种不利的法律后果。与道义责任或其他社会责任相比,法律责任有两个特点。

(1)承担法律责任的最终依据是法律。承担法律责任的具体原因可能各有不同,但最终依据的是法律。

(2)法律责任具有国家强制性。即法律责任的履行是由国家强制力保证。当然,国家强制力只是在必要时,在责任人不能主动履行其法律责任时才会使用。

(二)法律责任的种类

1. 刑事责任

刑事责任是指行为人因其犯罪行为所必须承担的,由司法机关代表国家所确定的法律责任。刑事责任的特点是：① 产生刑事责任的原因在于行为人行为的严重社会危害性,只有行为人的行为具有严重的社会危害性即构成犯罪,才能追究行为人的刑事责任。② 刑事责任是犯罪人向国家所负的一种法律责任。它与民事责任由违法者向被害人承担责任相比有明显区别,刑事责任的大小、有无都不以被害人的意志为转移。③ 刑事责任是一种惩罚性责任,是所有法律责任中最严厉的一种。④ 刑事责任基本上是一种个人责任。一般来说,只有实施犯罪行为者本人才能承担刑事责任。当然,刑事责任也包括集体责任,有些国家称为"法人犯罪"的刑事责任,在我国称为"单位犯罪"的刑事责任。不管是惩处个人,还是惩处单位,都是为了惩罚犯罪者,救济被侵害的权利,预防犯罪的再发生。⑤ 刑事法律是追究刑事责任的唯一法律依据,罪行法定。

2. 民事责任

民事责任是指由于违反民事法律、违约或者由于民法规定所应承担的一种法律责任。民事责任的特点是：① 民事责任主要是一种救济责任。民事责任的功能主要在于救济当事人的权利,赔偿或补偿当事人的损失。当然,民事责任也执行惩罚的功能,具有惩罚的内容。如违约金本身就含有惩罚的意思。② 民事责任主要是一种财产责任。③ 民事责任主要是一方当事人对另一方的责任,在法律允许的条件下,多数民事责任可以由当事人协商解决。根据承担民事责任的原因,民事责任分为：由违约行为(或不履行其他义务)产生的违约责任;由民事违法行为,即侵权行为产生的一般侵权责任;由法律规定产生的特殊侵权责任。

3. 行政责任

行政责任是指因违反行政法或因行政法规定而应承担的法律责任。行政责任的特点是：① 承担行政责任的主体是行政主体和行政相对人。② 产生行政责任的原因是行为人的行政违法行为和法律规定的特定情况。③ 通常情况下,实行过错推定的方法。在法律规定的一些场合,实行严格责任。④ 行政责任的承担方式多样化。

二、教育法律责任的种类

教育法律责任存在于各教育法律和相关的法律之中,是教育实施的必要保证,是维护教育法制的重要内容。

教育法律关系主体实施违法行为是其承担法律责任的前提,但并不是各种违法行为都要承担相同的法律后果。教育法根据违法主体的法律地位和违法行为的性质,规定了承担法律责任的三种主要方式：刑事法律责任、民事法律责任和行政法律责任。

(一)违反教育法的刑事法律责任

在现实生活中,违法行为的种类很多,违法的程度也有很大差别,国家只对达到犯罪程度的违法行为追究刑事责任,这是刑事法律责任与其他两种法律责任的重要区别之一。教育法的刑事法律责任是指行为人实施的违反教育法的行为,同时触犯了刑法,达到了犯罪的程度时,所必须承担的法律后果。《中华人民共和国教育法》中的相关条款,对挪用、克扣教育经费,扰乱学校及其他教育机构教育教学程序,破坏校舍、场地及其他财产,招生中徇私舞弊的行为追究刑事责任作了规定。在《中华人民共和国刑法》中,专门设置了"教育设施重大安全事故罪"和"招收公务员、学生徇私舞弊罪"。

以上各种违法行为中,大部分是以情节严重作为追究刑事责任的必要条件。不同的行为中"情节严重"的含义是不同的。比如,所谓体罚幼儿情节严重是指体罚幼儿的手段恶劣,或者致幼儿重伤等情况。又如,玩忽职守致使校舍倒塌,造成师生伤亡事故的"情节严重",是指明知是危险校舍而不向上级报告或拖延不予处理,而致使校舍倒塌,造成死亡 1 人以上,或者重伤 3 人以上情节。

追究刑事法律责任往往表现为给予行为人以刑事制裁,即人民法院依法对犯罪人运用的刑罚。我国刑法规定的刑罚分为主刑和附加刑两类。主刑包括管制、拘役、有期徒刑、无期徒刑和死刑五种;附加刑包括罚金、剥夺政治权利、没收财产三种。人民法院审理案件时,依照犯罪人违反教育法律、法规的不同行为和情节,给予其上述对应的刑事制裁。

(二)违反教育法的民事法律责任

教育法的民事法律责任是教育法律关系主体违反教育法律、法规,破坏了平等主体之间正常的财产关系或人身关系,依照法律规定应承担的民事法律责任,是一种以财产为主要内容的责任。

《中华人民共和国教育法》对违反教育法的民事责任作了原则规定:"违反本法规定,侵犯教师、受教育者、学校或者其他教育机构的合法权益,造成损失、损害的,应当依法承担民事责任。"

根据《中华人民共和国民法典》(简称《民法典》),承担民事责任的方式主要有:① 停止侵害;② 排除妨碍;③ 消除危险;④ 返还财产;⑤ 恢复原状;⑥ 修理、重作、更换;⑦ 继续履行;⑧ 赔偿损失;⑨ 支付违约金;⑩ 消除影响、恢复名誉;⑪ 赔礼道歉。这些方式可以单独适用,也可以合并适用。

(三)违反教育法的行政法律责任

教育法的相当一部分规定是以政府及其教育行政部门为一方,调整教育活动中的行政关系,具有行政法的属性,违反教育法律、法规的行为本身就带有行政违法性,所以,行政法律责任是违反教育法最常见的一种法律责任。在实际工作中,对于违反教育法律、法规的行为追究法律责任,主要是追究行政法律责任。

根据《中华人民共和国教育法》的规定,违反教育法的行政法律责任的承担方式主要有行政处罚和行政处分两类。

1. 行政处罚

行政处罚是国家行政机关依法对违反行政法律规范的组织或个人进行惩戒、制裁的具体行政行为。行政处罚的种类很多,教育法涉及的行政处罚有十种:① 警告;② 罚款;③ 没收违法所得,没收违法颁发、印制的学历证书、学位证书及其他学业证书;④ 撤销违法举办的学校和其他教育机构;⑤ 取消颁发学历、学位和其他学业证书的资格;⑥ 撤销教师资格;⑦ 停考、停止申请认定资格;⑧ 责令停止招生;⑨ 吊销办学许可证;⑩ 法律、法规规定的其他教育行政处罚。

2. 行政处分

行政处分是根据法律或国家机关、企事业单位的规章制度,由国家机关或企事业单位给予具有违法失职行为或违反内部纪律的所属人员的一种制裁。行政处分有时也称纪律处分,共有七种:警告、记过、记大过、降级、降职、撤职、开除。

在实践中,应当注意的是,对于某一违反教育法律、法规的行为,追究法律责任的方式不仅仅限于一种。可以在追究行政法律责任的同时,追究刑事法律责任或民事法律责任,三种形式也可以并处。例如,对于玩忽职守致使校舍倒塌,造成师生重大伤亡事故的行为人,就可以在追究其刑事法律责任的同时,追究行政法律责任,即判刑的同时给予行政处分。

三、教育法律责任的认定

(一)承担教育法律责任的主体

根据现行教育法的规定,可能成为教育法律责任主体的自然人和法人包括以下五类:

(1) 国家教育行政机关和其他国家机关;

(2) 教育行政机关和其他行政机关的工作人员;

(3) 实施教育教学活动的学校、其他教育机构及其校长和教师;

(4) 学生及儿童、少年的父母或其他监护人;

(5) 其他负有遵守教育法义务的公民和法人。

(二)确定教育法律责任主体的要件

教育法设定了法律责任,但是根据什么来确定教育法律责任主体? 这就是教育法律责任主体的归责要件问题。教育法律关系主体只有具备教育法律责任的归责要件,才能被认定为教育法律责任主体,承担相应法律后果。这些要件包括以下四个方面。

(1) 有损害事实。即有侵害教育管理、教学秩序及从事教育教学活动的公民、法人和其他组织的合法权益的客观事实存在。这是构成教育法律责任的基本前提。通常,教育法律责任损害的事实包括:① 损害是已经发生的、客观存在的,将来的损害如果必然发生,也视为已经发生的现实损害。例如,对一未成年人造成的身心摧残,就其将来就业能力而言,就是确定的、现实的损害。② 损害的权益是受教育法律保护的权益,是责任人侵犯了教育法律规定的权利和违反了教育法律规定的义务所产生的实际后果。

(2) 损害的行为必须违法。即责任人实施了违反法律、法规的行为。假若责任人的行为没有违法,就不承担法律责任。行为违法性是构成教育法律责任的前提。

(3) 行为人有过错。过错是就行为人主观态度而言的。它是构成教育法律责任的主观要件,包括故意和过失。故意是侵害行为出于主观上的恶意,目的是希望或促成损害的发生,或预见其发生,而其发生并不违背其本意,如殴打教师和学生,或教师体罚学生,情节严重的。过失是对于可能发生的损害缺乏合理的注意或未尽职责,如学校应对全体教职工和学生进行安全教育和制定应急防范措施而未做,对存在的安全隐患不加整改,造成严重后果的。

(4) 违法行为与损害事实之间具有因果关系。即违法行为是导致损害事实发生的原因,损害事实是违法行为造成的必然结果,两者之间存在着内在的必然的联系,违法行为决定损害事实的发生,损害事实是违法行为的必然结果。

(三) 教育法律责任主体的责任形式

从教育法律关系及法律责任内容的视角,各类教育法律责任主体可能承担的责任形式如下。

1. 教育行政机关和其他国家行政机关承担的法律责任

行政机关承担法律责任主要是补救性的。其实际做法包括承认错误、赔礼道歉、恢复名誉、消除影响、履行职务、撤销违法决定、纠正不正当行为、返还权益、赔偿等。从国内外的教育法律实践看,赔偿是教育行政法律责任的最主要形式之一,也是一种非常重要的补救措施。

对教育行政机关及其他国家机关,法律法规尚无制裁性法律责任形式。目前个别法律法规的规定及实际做法有通报、改组、撤销和经济制裁等。关于强制性法律责任形式,《行政诉讼法》第六十五条第三款规定,行政机关拒绝履行判决、裁定的,第一审人民法院可以采取以下措施:① 对应当归还的罚款或者应当给付的赔偿金,通知银行从该行政机关的账户内划拨。② 在规定期限内不履行的,从期满之日起,对该行政机关按日处 50 元至 100 元的罚款。③ 向该行政机关的上一级行政机关或者监察、人事机关提出司法建议。接受司法建议的机关,根据有关规定进行处理,并将处理情况告知法院。④ 拒不履行判决、裁定,情节严重构成犯罪的,依法追究主管人员和直接责任人员的刑事责任。

2. 教育行政机关和其他行政机关的工作人员承担的法律责任

对行政工作人员的制裁性法律责任主要有警告、记过、记大过、降级、降职、撤职、开除公职等。关于补救性法律责任形式，《行政诉讼法》第六十八条规定：行政机关工作人员作出的具体行政行为侵犯公民、法人或者其他组织的合法权益造成损害的，由该行政机关所在的行政机关负责赔偿。行政机关赔偿损失后，应当责令故意或者有重大过失的行政机关工作人员承担部分或者全部赔偿费用。

3. 实施教育教学活动的学校、其他教育机构及其校长、教师承担的法律责任

学校和其他教育机构承担的制裁性教育法律责任主要有通报批评、整顿（含领导班子的整顿）、勒令停办停招、取缔、取消学校发放毕业证书和其他学业证书资格、宣布考试无效或取消举办考试资格、吊销办学许可证、没收违法所得等。对国家设立的教育机构，一般不宜采取罚款或取缔的处罚形式，对这类学校的处罚不能影响其完成国家教育任务及义务教育制度的实施，也不能因为对学校或几个人的过错而作的处罚，影响学生受教育的权利。

学校校长（幼儿园园长）承担的法律责任形式，可依违法的性质和程度给予相应的行政、民事乃至刑事处罚。其承担形式有取消任职资格、行政处分、罚款、刑事制裁等。如《教育法》第七十三条规定："明知校舍或者教育教学设施有危险，而不采取措施，造成人员伤亡或者重大财产损失的，对直接负责的主管人员和其他直接责任人员，依法追究刑事责任。"这是对包括校长在内的有关人员给予的刑事制裁性法律责任。再如，该法第七十七条规定："在招收学生工作中滥用职权、玩忽职守、徇私舞弊的，由教育行政部门或者其他有关行政部门责令退回招收的不符合入学条件的人员；对直接负责的主管人员和其他直接责任人员，依法给予处分；构成犯罪的，依法追究刑事责任。"这是行政法律责任，也可能构成刑事责任。该法第八十一条规定，对侵犯教师、学生合法权益，造成损失的，应依法承担民事责任。

对教师追究其教育法律责任的形式主要有撤销或取消教师资格、行政处分或者解聘。《教师资格条例》规定，对弄虚作假、骗取教师资格的，品行不良、侮辱学生、影响恶劣的，撤销其教师资格，并在 5 年内不得重新申请认定教师资格。《教师法》第三十七条规定，对故意不完成教育教学任务给教育教学工作造成损失的；体罚学生，经教育不改的；品行不良、侮辱学生、影响恶劣的，给予行政处分或者解聘，对后两项行为情节严重构成犯罪的，依法追究其刑事责任。

4. 其他负有遵守教育法义务的公民和法人承担的法律责任

依照侵犯教育法的内容和性质来分，违反教育经费管理规定的，包括不按规定核拨教育经费，侵占、克扣、挪用教育经费，拖欠教职工工资，不按规定收费等，对其直接负责的主管人员和其他责任人员，给予行政处分，情节严重，构成犯罪的，追究刑事责任；破坏学校正常教育

教学秩序的,非法侵害学校权益的,侵犯教师、学生合法权益的,将依法承担刑事法律责任、民事法律责任、行政法律责任。

案例

家长殴打老师,追究法律责任

【案情】

据广西卫视新闻报道,2011年6月21日上午,某县公安局城东派出所接到报警,称某幼儿园女老师齐某被一家长许某殴打,原因是该家长怀疑老师逼自己的孩子吃吐出来的饭菜。民警立即赶到幼儿园,将违法行为人许某传唤到分局派出所进行询问,随后受害人齐老师也赶到。民警通过受害人了解了案情后,让齐老师到医院进行检查治疗。经医院检查,齐老师右侧头脸部和右侧的肋骨处有软组织挫伤,构成轻微伤害。

经家长和幼儿园的要求,在民警的主持下,幼儿园拿出了当天齐老师班级的教学活动录像,经回放鉴验,证明齐老师并没有强迫孩子吃吐出来的饭菜,教学活动完全符合幼儿园的规范。公安机关依法对违法行为人许某进行了行政拘留。

【分析】

这是一桩发生在幼儿园的恶性暴力事件。

本案的发生原因,是家长怀疑老师逼小孩吃吐出来的饭菜。在没有得到证实的情况下,家长就粗暴地使用武力,殴打老师,这是非常不文明的做法,也是违法的行为,受到法律的处理是咎由自取。

《教师法》规定,侮辱、殴打教师的,根据不同的情况,分别给予行政处分或者行政处罚;造成损害的,责令赔偿损失;情节严重,构成犯罪的,依法追究刑事责任。

本案中,齐老师受到的伤害属于轻微的伤害,民警根据《中华人民共和国治安管理处罚条例》对致害人作出行政拘留的处罚。如果达到轻伤或以上的,则行为人就触犯了《中华人民共和国刑法》,司法机关可追究其刑事责任。

【建议】

1. 平时老师要与家长加强沟通,建立良好的家园关系,让家长对老师有充分的信任。

2. 家长要提高自身的文明素养,有什么问题,都要先了解情况后再作出处理,不能贸然行事。

思考题

1. 简述我国教育立法建立的基本历程。

2. 如何认识教育法律关系的主体？

3. 试分析教育法律责任的种类。

第三章　幼儿教育的法规与政策

PPT 教学课件

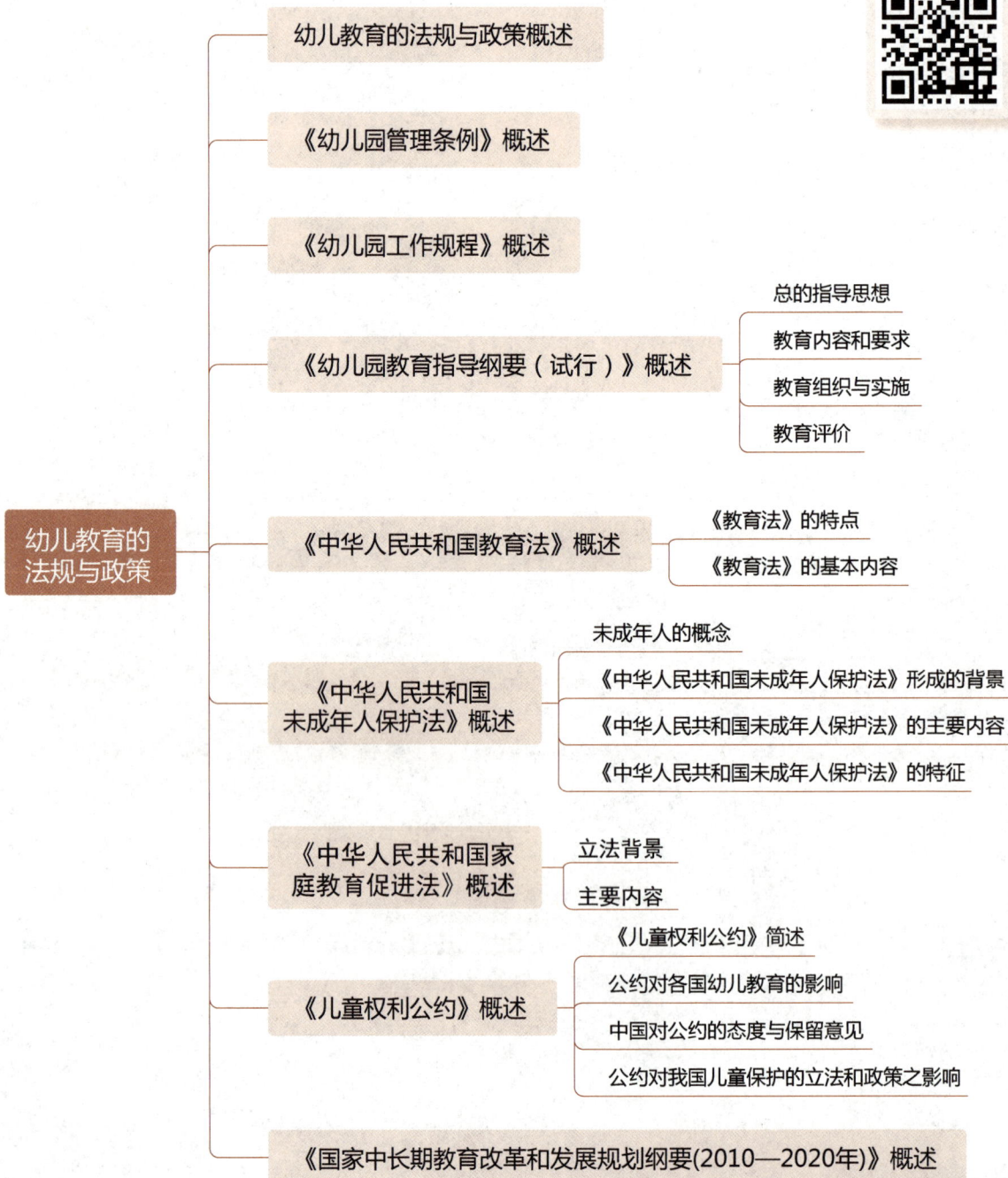

幼儿教育的法规与政策概述

《幼儿园管理条例》概述

《幼儿园工作规程》概述

《幼儿园教育指导纲要（试行）》概述
- 总的指导思想
- 教育内容和要求
- 教育组织与实施
- 教育评价

幼儿教育的法规与政策

《中华人民共和国教育法》概述
- 《教育法》的特点
- 《教育法》的基本内容

《中华人民共和国未成年人保护法》概述
- 未成年人的概念
- 《中华人民共和国未成年人保护法》形成的背景
- 《中华人民共和国未成年人保护法》的主要内容
- 《中华人民共和国未成年人保护法》的特征

《中华人民共和国家庭教育促进法》概述
- 立法背景
- 主要内容

《儿童权利公约》概述
- 《儿童权利公约》简述
- 公约对各国幼儿教育的影响
- 中国对公约的态度与保留意见
- 公约对我国儿童保护的立法和政策之影响

《国家中长期教育改革和发展规划纲要(2010—2020年)》概述

第一节 ★ 幼儿教育的法规与政策概述

从我国现行的法律、法规来看，在《中华人民共和国宪法》《中华人民共和国教育法》《中华人民共和国教师法》《中华人民共和国未成年人保护法》《中华人民共和国残疾人保障法》《中华人民共和国残疾人教育条例》《中华人民共和国社会力量办学条例》等法律法规中，都设置了涉及幼儿教育的条款。

但是，独立的幼儿教育的法规只有《幼儿园管理条例》。这是一部行政法规，它对幼儿园的管理作出了全面的规范，包括幼儿园保育教育工作的基本原则、幼儿园的管理体制、幼儿园的设置和审批规范、幼儿园的保育教育工作规范、幼儿园的行政事务规范等。

幼儿教育规章目前有两部，一部是教育部于 2015 年 12 月 14 日部长会议通过，次年 3 月 1 日起施行的《幼儿园工作规程》。这部规程共十一章六十六条，它根据《中华人民共和国教育法》的精神，对幼儿园的各方面工作作出了系统而又具体的规范，为幼儿园各项工作提供了可操作的依据。第二部是 1985 年 12 月 7 日卫生部颁发的《托儿所、幼儿园卫生保健制度》，它对生活制度、婴幼儿的饮食、体格锻炼制度、健康检查制度、卫生消毒及隔离制度、预防疾病制度、安全制度和卫生保健登记、统计制度等作了详细规定。

为贯彻《中华人民共和国教育法》《幼儿园管理条例》《幼儿园工作规程》，指导幼儿园深入实施素质教育，2001 年 7 月，国家正式颁布了《幼儿园教育指导纲要（试行）》。它是幼儿园教育工作的科学纲要，是新时期我国幼儿园课程改革的指导性文件。它总结了近年来我国幼儿教育改革的经验，立足于我国的幼儿教育改革现实，在充分吸纳世界范围内早期教育优秀思想和研究成果的基础上，阐明了幼儿教育的发展目标，力求体现终身教育、素质教育的思想，倡导尊重儿童、尊重儿童身心发展规律、师生共同成长等观念。它标志着幼儿教育的课程改革已经与整个基础教育课程改革同步启动，对于全面贯彻教育方针、全面提高幼儿园保教质量具有十分重要的意义。

第二节 ★ 《幼儿园管理条例》概述

《幼儿园管理条例》于 1989 年 8 月 20 日经国务院批准，1989 年 9 月 11 日中华人民共和国国家教育委员会令第 4 号发布，1990 年 2 月 1 日起施行。

《幼儿园管理条例》是一部行政法规，到目前为止，在学前教育的法律法规中，它是效力层次最高的一部专门的法规。《幼儿园管理条例》颁布后，许多省、直辖市都出台了相应的实施办法,对幼儿园的规范办学、规范教育起到了很大的推动作用。

《幼儿园管理条例》的宗旨是为了加强幼儿园的管理,促进幼儿教育事业的发展。它规定幼儿园的招收对象为三周岁以上学龄前幼儿,幼儿园的保育和教育工作应当促进幼儿在体、智、德、美诸方面和谐发展。

《幼儿园管理条例》明确规定幼儿园的管理实行地方负责、分级管理和各有关部门分工负责的原则,并鼓励和支持企业事业单位、社会团体、居民委员会、村民委员会和公民举办幼儿园或捐资助园。

《幼儿园管理条例》第二章规定了幼儿园教师、医生、保育员、保健员的基本条件,并规定举办幼儿园必须进行登记注册,未经登记注册,任何单位和个人不得举办幼儿园。

《幼儿园管理条例》指出,幼儿教育中应当以游戏为基本活动形式,严禁体罚和变相体罚。《幼儿园管理条例》提出了幼儿教育保育工作,应当保障幼儿的身体健康,培养幼儿的良好生活、卫生习惯,促进幼儿的智力发展,培养幼儿热爱祖国的情感以及良好的品德行为。

《幼儿园管理条例》规定了教育行政部门的相关职责,就是监督、评估和指导幼儿园的保育、教育工作,组织培训幼儿园的师资,审定、考核幼儿园教师的资格,并协助卫生行政部门检查和指导幼儿园的卫生保健工作,会同建设行政部门制定幼儿园园舍、设施的标准。对办园成绩显著的,保育、教育工作成绩显著的,管理工作成绩显著的,要给予奖励。而对于违反本条例的,要予以相应的处罚。

第三节 ★ 《幼儿园工作规程》概述

20 世纪 80 年代末,为了总结和推广幼儿园课程改革成果,满足社会发展的要求,1989 年 6 月 5 日,原国家教委颁布了《幼儿园工作规程(试行)》,这标志着有计划、有组织的、全国性的、大规模幼儿园课程改革正式开始。《幼儿园工作规程(试行)》是对我国学者和幼儿园教师 80 年代课程改革经验的总结,为后来的课程改革提供了指导思想,奠定了一定的基础。

1996 年 3 月 9 日,经过修订的《幼儿园工作规程》重新颁布,并于同年 6 月 1 日起正式施行。现行的《幼儿园工作规程》已经于 2015 年 12 月 14 日第 48 次部长办公会议审议通过,自 2016 年 3 月 1 日起施行。现行的规程增加了第三章"幼儿园的安全",明确要求幼儿园要建立健全设备设施、食品药品以及与幼儿活动相关的各项安全防护和检查制度,建立安全责任制和应急预案。

《幼儿园工作规程》明确规定:幼儿园是对三周岁以上学龄前幼儿实施保育和教育的机构,幼儿园贯彻国家的教育方针,按照保育与教育相结合的原则,遵循幼儿身心发展特点和规律,实施德、智、体、美等方面全面发展的教育,促进幼儿身心和谐发展。幼儿园同时面向幼儿家长提供科学育儿指导。

在教育目标方面,《幼儿园工作规程》指出,幼儿园保育和教育的主要目标是,促进幼儿身体正常发育和机能的协调发展,增强体质,培养良好的生活习惯、卫生习惯和参加体育活动的兴趣。发展智力,培养幼儿正确运用感官和运用语言交往的基本能力,增进其对环境的认识,培养有益的兴趣和动手能力,发展智力。萌发幼儿爱家乡、爱祖国、爱集体、爱劳动的情感,培养诚实、勇敢、好问、友爱、爱公物、讲礼貌、守纪律等良好的品德、行为、习惯,培养幼儿活泼开朗的性格。

在教育内容方面,《幼儿园工作规程》指出,教育活动的内容应根据教育目的、幼儿的实际水平和兴趣,以循序渐进为原则,有计划地选择和组织。

在教育过程方面,《幼儿园工作规程》强调,不同教育内容之间应有机渗透;一日生活的各项活动都是教育的手段,寓教育于各项活动之中,不同教育手段之间应有机结合,要充分发挥各种教育手段的交互作用;指出环境是重要的教育手段,要为幼儿创造与教育相适应的良好环境,为幼儿提供活动和表现能力的机会与条件。要求教育要充分考虑幼儿的年龄特点和个体差异。促进每个幼儿在不同水平上得到发展,引导幼儿个性的健康发展。肯定游戏是幼儿园的基本活动形式。

第四节 ★ 《幼儿园教育指导纲要(试行)》概述

《幼儿园教育指导纲要(试行)》在国家层面上,对幼儿园的课程进行了宏观的普适性的指导,规定了幼儿园教育的总目标、教育内容和实施原则,要求地方政府制定指导意见,以幼儿园为主确定自己的课程。从纲要的结构上看,全篇分为四个部分,分别是总则、教育内容与要求、组织与实施、教育评价。

一、总的指导思想

幼儿园教育要为幼儿一生的发展打好基础。幼儿园课程建设应考虑幼儿园的实际情况,因地制宜。家庭、社区和幼儿园都是幼儿园课程的参与者。幼儿园课程应充分考虑幼儿的年龄特点和个别差异,促进每个幼儿富有个性的发展。幼儿园教育应以游戏为基本活动。

二、教育内容和要求

幼儿园的教育内容是全面的、启蒙的,可以相对划分为五大领域——健康、语言、社会、科学、艺术,各领域的内容应相互渗透,应促进幼儿在情感、态度、能力、知识、技能等方面的发展。

三、教育组织与实施

幼儿园课程的实施途径是各种教育活动。教师不仅是课程的实施者,也是课程的设计者,应根据本地、本园、本班幼儿的实际情况,设计适宜的课程方案。环境既是课程内容的重要组成部分,也是课程实施的途径。幼儿是学习的主人,教师是幼儿学习活动的支持者、合作者、引导者。教育活动过程应是师生互动合作探究的过程。

四、教育评价

强调教育评价的诊断功能和发展功能,目的是了解课程的适宜性、有效性,调整和改进工作,更好地促进幼儿的发展。评价需要多主体共同参与,尤其强调教师自评。强调评价应自然地伴随着整个教育过程。

第五节 ★ 《中华人民共和国教育法》概述

《中华人民共和国教育法》(以下简称《教育法》),1995 年 3 月 18 日由第八届全国人民代表大会第三次会议通过,于同年 9 月 1 日起正式实施。这是我国历史上第一部由最高权力机关制定的关于教育的根本大法。教育法的制定对落实教育优先发展的战略方针,维护学校、教师和学生的合法权益,保障教育的改革和发展,建设中国特色社会主义现代化教育制度,促进社会主义精神文明建设,具有重大而深远的意义。

2015 年 12 月 27 日第十二届全国人民代表大会常务委员会第十八次会议表决通过了关于修改教育法和关于修改高等教育法的决定。新修改的《教育法》于 2016 年 6 月 1 日起施行。此次表决通过的《全国人民代表大会常务委员会关于修改〈中华人民共和国教育法〉的决定》对教育法第五条、第六条、第十一条第一款、第十二条、第十九条、第二十五条、第六十六条、第六十七条第一款、第七十六条、第七十九条等十处条款进行修改,并增加一条作为第十八条。

2021 年 4 月 29 日第十三届全国人民代表大会常务委员会第二十八次会议决定对《教育法》作出修改,修改了第三条、第四条、第五条、第七条、第七十七条,修改后的《教育法》自2021 年 4 月 30 日起施行。

一、《教育法》的特点

1. 阶级性和人民性相统一

凡是文明国家,都有自己的教育。从这一意义上讲,教育是全球性的。但是在培养什么样的人、怎样培养人、所培养的人为谁服务这些根本问题上,教育活动无不渗透着并实现着统治阶级的国家意志。我国《教育法》是工人阶级领导下广大人民群众在教育方面的共同意志和根本利益的体现,它直接坦率地表达了自己鲜明的阶级性。

当然,教育的阶级性并不排斥教育活动范围的全民性。国家的教育理想正是通过全民范围的普及教育获得的。《教育法》不仅确立了公民依法享有平等的教育机会,国家实行九年义务教育制度、职业教育制度和成人教育制度,建立和完善终身教育体系,还规定了"教育应当继承和弘扬中华民族优秀的历史文化传统,吸收人类文明发展的一切优秀成果","鼓励开展教育对外交流与合作"。这表明社会主义性质的教育,无论在教育对象的范围上,还是在教育内容的广度上,具有最大限度的包容量,是阶级性和人民性的高度统一。

2. 全面性和针对性相结合

《教育法》作为教育领域的基本法,要为其他有关教育的法律、法规和规章的制定提供基本的法律依据。这就要求《教育法》的内容尽可能全面,把应当纳入法律调整范围的重要事项,如教育的性质、地位、方针、基本原则、管理体制、基本制度、教育投入、教育对外交流与合作、法律责任等作全面的规定。同时,《教育法》也针对当前教育改革和发展中的突出问题,如德育工作、不得以营利为目的举办学校及其他教育机构、对家庭困难学生的资助、教育经费在预算中单独立项等,有针对性地进行了规定。这些都体现了教育法全面性与针对性相结合的特点。

3. 规范性和导向性相结合

《教育法》指导近三十年来,特别是改革开放以来我国教育改革和发展的成熟经验,通过法律规范的形式固定下来,如教育管理体制的分级管理、分工负责,学校法人地位及自主权,以财政拨款为主的多渠道筹措教育经费体制等,巩固了教育改革和发展的成果。同时,《教育法》也把符合教育改革和发展方向,但还有待进一步实践和探索的问题,如终身教育体系的建立和完善,运用金融和信贷手段支持教育事业的发展,中外合作办学等,作出了导向性的规定,通过法律手段来保障和推进教育的改革与发展。

4. 原则性和可操作性相结合

《教育法》作为教育的基本法,主要是对我国教育事业改革和发展全局性的重大问题作出原则规定,教育工作中的许多具体问题则要通过制定配套法规加以规范。但《教育法》也注意了可操作性,特别是明确了违反《教育法》的法律责任、处罚形式和执法机关,使《教育法》的实施做到有法必依、执法必严、违法必究。

二、《教育法》的基本内容

(一)教育的性质、方针和基本原则

《教育法》第三条规定:"国家坚持中国共产党的领导,坚持以马克思列宁主义、毛泽东思

想、邓小平理论、'三个代表'重要思想、科学发展观、习近平新时代中国特色社会主义思想为指导,遵循宪法确定的基本原则,发展社会主义的教育事业。"明确规定了我国教育工作的指导思想和我国教育的社会主义性质。它是我国区别于西方国家及其他资本主义国家教育的根本标志。

从我国教育的社会主义性质出发,《教育法》第五条规定了我国的教育方针,即"教育必须为社会主义现代化建设服务、为人民服务,必须与生产劳动和社会实践相结合,培养德智体美劳全面发展的社会主义建设者和接班人"。《教育法》第一次以立法的形式完整、科学地表述了我国的教育方针,为我们坚持教育的社会主义方向提供了充分的法律依据。

为了全面贯彻国家的教育方针,《教育法》第六条至第十一条,规定了教育活动应当遵循的一系列基本原则。

1. 重视对受教育者进行政治思想品德教育

随着改革开放的深入和社会主义市场经济体系的建立,各种新的思想观念不断产生和发生碰撞。学生的政治思想素质如何,将直接关系到社会主义现代化是否能够顺利进行,关系到能否担负起复兴中华民族的伟大使命。为此,《教育法》第六条规定:"国家在受教育者中进行爱国主义、集体主义、中国特色社会主义的教育,进行理想、道德、纪律、法治、国防和民族团结的教育。"

2. 继承和吸收人类优秀文化成果

《教育法》第七条规定:"教育应当继承和弘扬中华优秀传统文化、革命文化、社会主义先进文化,吸收人类文明发展的一切优秀成果。"中华民族是一个有着悠久历史和灿烂文化的民族,其传统文化内容博大精深。优秀的传统文化是我国教育发展的基础和源泉。当然,在开放的世界里,我们更应当扩大同世界各国的交流与合作,大胆吸收和借鉴国外的优秀成果。只有这样,才能使我国的教育在面向世界、面向未来中不断得到发展。

3. 符合国家和社会公共利益的原则

《教育法》第八条第一款规定:"教育活动必须符合国家和社会公共利益。"明确了我国教育的公共性原则。教育的公共性是国家对教育活动的基本要求,也是现代教育的重要特征之一。所谓国家和社会公共利益,在我国是指以工人阶级为领导,以工农联盟为基础的人民民主专政的社会主义国家的利益和中华人民共和国全体成员的共同利益。

《教育法》第八条第二款规定:"国家实行教育与宗教相分离。任何组织和个人不得利用宗教进行妨碍国家教育制度的活动。"在我国,根据宪法及《教育法》的规定,任何组织和个人不得利用宗教干预学校教育和社会公共教育,不允许利用宗教进行妨碍国家教育制度的活动。

4. 受教育机会平等的原则

《教育法》第九条规定:"中华人民共和国公民有受教育的权利和义务。""公民不分民族、种族、性别、职业、财产状况、宗教信仰等，依法享有平等的受教育机会。"确立了公民受教育机会平等的基本原则。公民受教育机会平等，是指公民在受教育方面的权利和义务具有平等的法律地位，不因民族、种族、性别、职业、财产状况、宗教信仰等方面的不同或差别而受到不平等的对待。

为了保障公民广泛受教育的权利，《教育法》第十条第一款规定："国家根据各少数民族的特点和需要，帮助各少数民族地区发展教育事业。"我国是一个统一的多民族国家，加快少数民族和民族地区教育事业发展，不仅关系到少数民族的繁荣和幸福，而且关系到我国现代化建设的全局。《教育法》第十条第二款规定："国家扶持边远贫困地区发展教育事业。"由于我国幅员辽阔，各地区发展很不平衡。国家通过增加教育经费、帮助培训师资等多种形式，扶持边远贫困地区的教育事业。

5. 建立和完善终身教育体系的原则

《教育法》第十一条第一款规定："国家适应社会主义市场经济发展和社会进步的需要，推进教育改革，推动各级各类教育协调发展、衔接融通，完善现代国民教育体系，健全终身教育体系，提高教育现代化水平。"第二十条规定："国家鼓励发展多种形式的继续教育，使公民接受适当形式的政治、经济、文化、科学、技术、业务等方面的教育，促进不同类型学习成果的互认和衔接，推动全民终身学习。"

这些规定不仅确立了建立和完善终身教育体系的原则，而且为我国逐步建立和完善终身教育体系提供了法律保障。

（二）教育基本制度

1. 学校教育制度

学校教育制度，又称学制，它是指一个国家各级各类学校的体系及其性质、任务、入学条件、学习年限及相互关系的总和。《教育法》第十七条规定："国家实行学前教育、初等教育、中等教育、高等教育的学校教育制度。""国家建立科学的学制系统。学制系统内的学校和其他教育机构的设置、教育形式、修业年限、招生对象、培养目标等，由国务院或者由国务院授权教育行政部门规定。"我国现行学制分为学前教育、初等教育、中等教育、高等教育四个等级。

学前教育是幼儿园及其他学前教育机构对学龄前儿童实施的早期教育。学前教育应实行保育和教育相结合的原则，根据幼儿身心发展规律，促进幼儿身心健康和谐发展。学前教育是为接受基础教育做准备。

初等教育，又称小学教育，是对受教育者进行文化基础教育和初步生活能力教育。中等教育，是在初等教育基础上的中等普通教育和职业教育。高等教育是建立在中等教育基础之上的各种专业教育，包括高等专科教育、本科教育和研究生教育。

2. 义务教育制度

《教育法》第十九条第一款规定:"国家实行九年制义务教育制度。"所谓义务教育是指依照法律规定,适龄儿童、少年必须接受的,免费的,国家、社会、学校、家庭必须予以保证的国民教育。在我国,义务教育包括初等教育和初级中等教育两个阶段。为了保证义务教育的实施,《教育法》还规定:"各级人民政府采取各种措施保障适龄儿童、少年就学。""适龄儿童、少年的父母或者其他监护人以及有关社会组织和个人有义务使适龄儿童、少年接受并完成规定年限的义务教育。"

3. 职业教育制度

《教育法》第二十条第一款规定:"国家实行职业教育制度。"职业教育是从事某种职业或生产劳动所需的知识和技能的教育,包括职业学校教育、职业培训和职前培训。目前,由于我国生产力水平还不高,很多劳动者文化素质偏低,在进入劳动岗位前有许多是未经过专门的职业培训的,这不仅影响了劳动者对就业岗位的适应能力,而且对全社会劳动生产力的提高也造成一定的影响。为此,《教育法》规定:"各级人民政府、有关行政部门以及企事业组织应当采取措施,发展并保障公民接受学校教育或者各种形式的职业培训。"

4. 继续教育制度

《教育法》第二十条第二款规定:"国家鼓励发展多种形式的继续教育,使公民接受适当形式的政治、经济、文化、科学、技术、业务等方面的教育,促进不同类型学习成果的互认和衔接,推动全民终身学习。"国家鼓励公民接受继续教育,全面提高公民的素养,与终身教育的体系相衔接。

5. 国家教育考试制度

《教育法》第二十一条规定:"国家实行国家教育考试制度。国家教育考试由国务院教育行政部门确定种类,并由国家批准的实施考试的机构承办。"国家教育考试制度是由国家统一授权或批准的由实施教育考试的机构承办的一种考试制度,它对考试结果予以承认,并规定了考试合格者的学历、待遇、使用等。

6. 学业证书制度

《教育法》第二十二条规定:"国家实行学业证书制度。"所谓学业证书,是指学校及其他教育机构颁发给受教育者的表明受教育程度的一种凭证。学业证书制度是用人单位衡量持有者知识水平和能力水平的重要手段,是一项重要的教育制度。我国的学业证书包括学历证书和非学历证书。

7. 学位制度

《教育法》第二十三条规定:"国家实行学位制度。"学位制度是指国家授权的学位授予单位对达到一定学术水平或专业技术水平的人员授予相应学位的制度。实行学位制度对于促进我国专门人才的成长,促进科学技术水平的提高以及教育、科学、文化事业的发展,有着十分重要的作用。

8. 扫除文盲教育制度

《教育法》第二十四条规定："各级人民政府、基层群众性自治组织和企业事业组织应当采取措施,开展扫除文盲的教育工作。""按照国家规定具有接受扫除文盲教育能力的公民,应当接受扫除文盲的教育。"扫除文盲教育是指使不识字或者识字较少的青少年和成年人获得初步的阅读、写字、计算能力而进行的最基础的文化教育。

9. 教育督导制度和学校及其他教育机构教育评估制度

《教育法》第二十五条规定："国家实行教育督导制度和学校及其他教育机构教育评估制度。"教育督导是政府的行政监督行为,其基本任务是对下级人民政府、下级教育行政部门和学校及其他教育机构的教育工作进行监督、检查、评估、指导,以保证国家有关教育的方针、政策、法规得以贯彻落实。

（三）教育关系主体的权利和义务

1. 学校及其他教育机构的权利和义务

《教育法》从我国的基本国情出发,借鉴参考国外关于学校在教育中的权利义务的相关规定,确立了我国学校及其他教育机构的基本权利和义务。第二十九条规定："学校及其他教育机构行使下列权利:(一)按照章程自主管理;(二)组织实施教育教学活动;(三)招收学生或者其他受教育者;(四)对受教育者进行学籍管理,实施奖励或者处分;(五)对受教育者颁发相应的学业证书;(六)聘任教师及其他职工,实施奖励或者处分;(七)管理、使用本单位的设施和经费;(八)拒绝任何组织和个人对教育教学活动的非法干涉;(九)法律、法规规定的其他权利。国家保护学校及其他教育机构的合法权益不受侵犯。"

《教育法》第三十条规定了学校及其他教育机构应当履行的义务:"(一)遵守法律、法规;(二)贯彻国家的教育方针,执行国家教育教学标准,保证教育教学质量;(三)维护受教育者、教师及其他职工的合法权益;(四)以适当方式为受教育者及其他监护人了解受教育者的学业成绩及其他有关情况提供便利;(五)遵照国家有关规定收取费用并公开收费项目;(六)依法接受监督。"

2. 教师的权利和义务

教师的权利,是指教师依照《教师法》所享有的一定权利,它表现为教师有权作出一定的行为或要求他人作出相应的行为,在必要时可请求有关国家机关以强制力保障其权利的实现。教师的义务,是指教师依照《教师法》的规定所承担的必须履行的责任,它表现为教师必须依照《教师法》的规定作出一定行为或不得从事一定行为。当然,这里规定的教师权利和义务,是作为从事教师这一职业人员特定的基本权利和义务,教师还有依照其他法律、法规规定的权利义务。教师的权利和义务是统一的,不可分割的。

3. 受教育者的权利和义务

《教育法》第一次把受教育者的权利、义务用法律形式确定下来,使我国公民的受教育权有了法律保障。《教育法》第四十三条规定:"受教育者享有下列权利:(一) 参加教育教学计划安排的各种活动,使用教育教学设施、设备、图书资料;(二) 按照国家有关规定获得奖学金、贷学金、助学金;(三) 在学业成绩和品行上获得公正评价,完成规定的学业后获得相应的学业证书、学位证书;(四) 对学校给予的处分不服向有关部门提出申诉,对学校、教师侵犯其人身权、财产权等合法权益,提出申诉或者依法提起诉讼;(五) 法律、法规规定的其他权利。"

《教育法》第四十四条同时规定了受教育者应当履行的义务:"(一) 遵守法律、法规;(二) 遵守学生行为规范,尊敬师长,养成良好的思想品德和行为习惯;(三) 努力学习,完成规定的学习任务;(四) 遵守所在学校或者其他教育机构的管理制度。"

第六节 ★ 《中华人民共和国未成年人保护法》概述

1991 年 9 月 4 日,第七届全国人民代表大会常务委员会第二十一次会议通过了《中华人民共和国未成年人保护法》(以下简称《未成年人保护法》)。这是我国第一部有关保护青少年身心健康、保障青少年合法权益的专门法律。2006 年 12 月 29 日第十届全国人民代表大会常务委员会第二十五次会议通过第一次修订,并于 2007 年 6 月 1 日起实施。

2012 年 10 月 26 日第十一届全国人民代表大会常务委员会第 29 次会议通过第二次修正,自 2013 年 1 月 1 日起施行。

2020 年 10 月 17 日中华人民共和国第十三届全国人民代表大会常务委员会第二十二次会议通过了修订《中华人民共和国未成年人保护法》的决定,修订后的《中华人民共和国未成年人保护法》自 2021 年 6 月 1 日起施行。

一、未成年人的概念

未成年人是一个完整的法律概念,是相对于成年人而言的,但是在不同的历史时期、不同的国度,有其不同的含义。从多数国家的法规规定来看,未成年人一般是指未满 18 岁的人。《中华人民共和国民法典》第十七条规定:"十八周岁以上的自然人为成年人。不满十八周岁的自然人为未成年人。"根据大多数国家的法律规定和我国青少年的实际情况,我国《未成年人保护法》第二条明确规定:"本法所称未成年人是指未满十八周岁的公民。"

二、《中华人民共和国未成年人保护法》形成的背景

十一届三中全会的召开,给我国的法治建设和青少年工作带来了生机。1980 年 3 月,在

多方面的呼吁与支持下,团中央在京召开了"全国青少年立法座谈会",就有关控制与解决青少年违法犯罪问题进行了讨论,提出了一系列需要经过立法来加以调整和根治的具体措施,着重探讨了制定一部具有中国特色的青少年法的必要性、迫切性和现实性。会议最后通过《关于建立青少年保护法起草小组的建议》,会后在社会各方面的关怀和支持下,由团中央带头组成了7人起草小组,经过半年的努力,形成了《中华人民共和国青少年保护法(讨论稿)》。这是我国第一部有关保护青少年的专门法律草稿。

1987年8月,团中央书记处再次组织专门班子,在调研的基础上,于12月向党中央及全国人大常委会报送了《关于建议制定青少年法律的报告》。1988年8月,经国务院法治局协调,明确由团中央和国家教委共同带头组织未成年人保护法的起草工作。1991年5月,国务院第84次常务会议上,通过了此法的草案,9月4日,经全国人大常委会审议通过。

三、《中华人民共和国未成年人保护法》的主要内容

《中华人民共和国未成年人保护法》共九章一百三十二条,分别是第一章总则,第二章家庭保护,第三章学校保护,第四章社会保护,第五章网络保护,第六章政府保护,第七章司法保护,第八章法律责任,第九章附则。该法规定,未成年人享有受教育权,未成年人享有生存权、发展权、受保护权、参与权等权利。国家、社会、学校和家庭尊重和保障未成年人的受教育权。

保护未成年人是一项社会性很强的系统工程,涉及社会的方方面面,就如该法第六条中规定的:"保护未成年人,是国家机关、武装力量、政党、社会团体、企业事业组织、城乡基层群众性自治组织、未成年人的监护人和其他成年公民的共同责任。"在规定其共同责任的同时,此法还分别设立专章规定了家庭保护、学校保护、社会保护和司法保护等。为保证法律得到严格的实施,还特地规定了"法律责任"这一章。

家庭保护——家庭对未成年人的成长与发展影响很大。为使未成年人有一个良好的家庭环境,《未成年人保护法》第十五条至第二十四条专门规定了父母或者其他监护人在培养、教育未成年人方面的责任。

学校保护——学校对未成年人的培养、教育起着重要的作用,随着九年制义务教育的普及与推广,学校在未成年人成长过程中的作用也愈来愈重要。《未成年人保护法》第二十五条至第四十一条规定了学校、教师及其他工作人员,对于培养和教育未成年学生的责任,要求尊重学生的人格,不得歧视学习有困难的学生。

社会保护——未成年人的保护,需要社会的各个职能部门综合进行。此法第四十二条规定:"全社会应当树立关心、爱护未成年人的良好风尚。国家鼓励、支持和引导人民团体、企业事业单位、社会组织以及其他组织和个人,开展有利于未成年人健康成长的社会活动和服务。"第四十二条至第六十三条规定了全社会应当关心未成年人的成长,为未成年人健康成长

创造良好的社会环境,为培养国家的建设者和接班人承担相应的责任。

网络保护——随着网络的发展的普及,未成年人沉迷网络已经成为一个十分现实的问题。2021年实施的《未成年人保护法》增加了网络保护这一章节,从第六十四条至第八十条作出了相关规定,一方面要保障未成年人在网络空间的合法权益,另一方面为未成年人提供安全、健康的网络环境。

政府保护——2021年实施的《未成年人保护法》增加了政府保护这一章节,从第八十条至第九十九条,规定了县级以上人民政府承担未成年人保护协调机制具体工作的职能部门,应当明确相关内设机构或者专门人员;乡镇人民政府和街道办事处应当设立未成年人保护工作站或者指定专门人员,做好未成年人保护工作。

司法保护——违法犯罪的未成年人虽然是极少数的,但作为一部专门的保护未成年人的法规,不能弃之不管。因此,在《未成年人保护法》中专门设置了"司法保护"这一章。提出对违法犯罪的未成年人,实行教育、感化、挽救的方针,坚持教育为主、惩罚为辅的原则。从第一百条至第一百十六条,详细规定了公安机关、检察机关和审判机关、少年犯管教所以及劳动教养、劳动改造等单位的责任,并要求他们尊重违法犯罪的未成年人的人格,保障他们具有合法的权益。

法律责任——此法规定,对于任何侵害未成年人合法权益的行为,依法追究相应的民事责任、行政责任,构成犯罪的,从重追究刑事责任。

四、《中华人民共和国未成年人保护法》的特征

《未成年人保护法》是一部具有中国特色的未成年人保护法,同其他国家这方面的法律相比,其立法宗旨和指导思想不仅停留在一般的保护未成年人健康、保障未成年人合法权益上,而且更重要的是促进未成年人在品德、智力、体质等方面全面发展。除此之外,它还有以下主要特征。

1. 保护对象的特定性

普通法律一般是保护全体公民的权利和利益的,而《未成年人保护法》只是保护一部分公民,即未成年公民的合法权益,这一特定的保护对象正是该法区别于其他一般法律的基本特征。

2. 保护主体的广泛性

未成年人生活在广阔的社会环境中,保护未成年人势必会涉及社会的各个方面,也因此决定了《未成年人保护法》在保护主体上的广泛性。在这一法律中,不仅规定了国务院和地方各级人民政府及其有关的教育、卫生、劳动、新闻出版、广播电影电视、民政、文化、工商行政管理等部门的职责,而且规定了公安机关、检察机关、审判机关、劳改、劳教机关等司法机关的职责,还规定了共青团、妇联、工会、青联、学联、少先队及其他有关的社会团体的保护职责;不仅

对学校、幼儿园等未成年人集中之地的保护职责作出规定,而且对有关单位和部门,如动物园、博物馆等也作了明确的规定。

3. 保护内容的综合性

我国对未成年人的保护历来非常重视,很多有关这方面的法律规范都分散在各个法律和法规之中,较为零碎。而《未成年人保护法》则是从立法上作出集中统一的规定,不仅把未成年人保护的有关问题集中地规定在一部法中,同时,还补充和完善其他法律中对未成年人保护规定的不足。保护内容的综合性,不仅体现在法律对家庭保护、学校保护、社会保护、网络保护、政府保护和司法保护分别作出决定,使其形成综合性的社会系统工程,而且体现在对未成年人享有的各种基本权利(如人身权、财产权、受教育权、被抚养权等),也集中在本法中。其综合性,还体现在这部法律不仅包括行政法的内容,而且还包括民法、婚姻法以至刑法等方面的内容;不仅包括实体法的规范,而且包括程序法的规范。

4. 保护措施的多样性

本法从家庭保护、学校保护、社会保护、网络保护、政府保护和司法保护等各个方面规定了一系列的保护措施,涉及面涵盖了未成年人成长环境的诸多方面。除了保护性措施外,还特别规定了对未成年人进行教育培养方面的内容,把教育培养和保护措施结合起来,更突出了其特色。

第七节 ★ 《中华人民共和国家庭教育促进法》概述

2021年10月23日第十三届全国人民代表大会常务委员会第三十一次会议通过了《中华人民共和国家庭教育促进法》(以下简称《家庭教育法》)。这是我国第一部有关家庭教育的专门法律。《家庭教育法》共六章五十五条,自2022年1月1日起施行。

一、立法背景

家庭教育是教育的开端,关乎儿童的终身发展和家庭的幸福安宁,也关乎国家发展、民族进步、社会和谐。重视家庭教育是中华民族的优良传统,党的十八大以来,习近平总书记站在培养担当民族复兴大任的时代新人之高度,向全党全社会发出了注重家庭、注重家教、注重家风的动员令,并就家庭教育作出一系列重要论述,强调"家庭是人生的第一所学校,家长是孩子的第一任老师,要给孩子讲好'人生第一课',帮助扣好人生第一粒扣子""家长要时时处处给孩子做榜样,用正确行动、正确思想、正确方法教育引导孩子""要在家庭中培育和践行社会主义核心价值观"。

党的十九大明确指出,培育和践行社会主义核心价值观要从家庭做起,从娃娃抓起。党的十九届四中全会明确要求构建覆盖城乡的家庭教育指导服务体系,注重发挥家教家风在基层社会治理中的重要作用。党的十九届五中全会进一步提出要加强家庭、家教、家风建设,健全学校家庭协同机制,为家庭教育指明了正确的方向。

在党中央的指引下,全国家庭教育工作取得了很大进展,2016 年全国妇联、教育部等部委出台了《关于指导推进家庭教育的五年规划(2016—2020 年)》,2019 年印发了《全国家庭教育指导大纲(修订)》等一系列政策文件;8 个省(直辖市)出台了家庭教育地方性法规;各地在家庭教育工作中探索形成了一些好的经验做法。

当今我国正处于社会快速转型阶段,传统的家庭结构和功能发生了前所未有的变化,家庭教育存在的问题也日益凸显:监护缺失、家庭教育缺位,导致部分农村留守儿童受到伤害的极端事件时有发生;不少父母缺乏正确的成才观,重智轻德、重生理健康轻心理健康的倾向普遍存在;很多父母表示不知道用什么方法来教育现在的孩子,有的甚至将棍棒教育作为家庭教育的主要手段。这些问题的出现,影响了许多儿童的健康成长,引起了社会广泛的关注。

十三届全国人大二次、三次会议上,先后有 368 名全国人大代表提出相关议案 12 件,要求启动家庭教育立法工作。

十三届全国人大常委会贯彻落实党中央决策部署,积极回应社会关切,将家庭教育立法列入常委会立法规划和 2020 年度立法计划,并明确由全国人大社会建设委员会承担牵头起草工作。社会建设委员会自 2018 年起,在进行未成年人保护法和预防未成年人犯罪法修改工作的过程中,就对家庭教育立法进行统筹考虑,提请常委会审议的这两部法律修订草案时,已经对家庭教育作出了原则规定,为其留出相应的接口。

2020 年以来,社会建设委员会在全国妇联提交的草案建议稿的基础上,进行了深入的调查研究,多次与党中央和国务院有关部门、最高人民法院、最高人民检察院、全国妇联等有关方面沟通协调、交换意见;向全国 31 个省(自治区、直辖市)人大征求意见,开展实地调研、委托地方调研、召开专家座谈会等,广泛听取各方意见。经过认真总结实践经验、充分研究认证,形成了《中华人民共和国家庭教育促进法(草案)》,2021 年 10 月《中华人民共和国家庭教育促进法》正式通过。

二、主要内容

1. 明确了家庭教育的内容重心

《家庭教育法》指向家庭教育的最主要群体——未成年人,强调家庭教育的内容"以立德树人为根本任务"。对个人而言,"人无德不立",合格公民的教育,身心才智不可偏废,但德是基石,立德才能树人。对国家而言,"国无德不兴",德是凝聚国民精神世界的核心价值,是中华文明几千年绵延不绝的深层精神内核,德是灵魂,立德强国。一个人、一个民族,都不能"魂无定所"。为此,《家庭教育法》将家庭教育指向父母或其他监护人对未成年人实施道德品质、身体素质、生活技能、文化修养、行为习惯等方面的培育、引导和影响,重心是育德。

2. 确立了家庭教育的工作机制

各级人民政府指导家庭教育工作,建立健全家庭学校社会协同育人机制;县级以上人民政府妇女儿童工作机构组织、协调、指导、督促有关部门做好家庭教育工作;教育行政部门、妇女联合会按照职责分工承担家庭教育的日常事务;县级以上人民政府制定工作专项规划,将家庭教育指导服务纳入城乡公共服务体系和政府购买服务目录,将相关经费列入财政预算;县级以上人民政府公安、民政、司法行政、人力资源和社会保障等有关部门在各自职责范围内做好家庭教育工作;人民法院、人民检察院配合同级人民政府及其有关部门建立家庭教育工作联动机制。

3. 明晰了家庭教育的主体职责

国家应该为家庭教育提供积极支持:国务院组织制定全国家庭教育指导大纲,省级人民政府或者有条件的设区的市级人民政府组织有关部门编写家庭教育指导读本,并制定相应的家庭教育工作规范;省级以上人民政府统筹建设家庭教育信息化共享服务平台,县级以上人民政府确定家庭教育指导机构,组织建立家庭教育指导服务专业队伍,开展家庭教育服务工作;民政部门的婚姻登记机构、收养登记机构、儿童福利机构、未成年人救助保护机构等结合自身工作,提供家庭教育指导等。

4. 确定了各级妇联的职责

长期以来,妇女联合会在家庭家教家风建设中发挥着重要作用。《家庭教育法》注重妇女联合会独特作用的发挥,在多个条文中明确规定了妇女联合会的职责,主要包括:妇女联合会统筹协调社会资源,协同推进覆盖城乡的家庭教育指导服务体系建设,并按照职责分工承担家庭教育工作的日常事务;采取有针对性的措施,为留守未成年人和困境未成年人的父母或者其他监护人实施家庭教育提供服务,引导其积极关注未成年人身心健康状况、加强亲情关爱;宣传普及家庭教育知识、通过家庭教育指导机构、社区家长学校、文明家庭建设等多种渠道组织开展家庭教育实践活动,提供家庭教育指导服务;未成年人住所地的妇女联合会等有关密切接触未成年人的单位,发现父母或者其他监护人拒绝、怠于履行家庭教育责任,或者非法阻碍其他监护人实施家庭教育的,应当予以批评教育、劝诫制止,必要时督促其接受家庭教育指导。

5. 规定了学校(幼儿园)在家庭教育中的责任

《家庭教育法》第三十九条规定:"中小学校、幼儿园应当将家庭教育指导服务纳入工作计划,作为教师业务培训的内容。"第四十条规定:"中小学校、幼儿园可以采取建立家长学校等方式,针对不同年龄段未成年人的特点,定期组织公益性家庭教育指导服务和实践活动,并及时联系、督促未成年人的父母或者其他监护人参加。"

第八节 《儿童权利公约》概述

联合国《儿童权利公约》是国际上解决儿童问题上的一个重要里程碑,作为一个主要的国际性约定,该公约试图努力确保所有儿童获得他们应该享受的关怀和保护,并明确表明了国际社会为儿童工作的目标和努力的方向。迄今为止,共有 192 个国家批准接受了该公约。

一、《儿童权利公约》简述

1. 公约产生的背景

20 世纪 60 年代以前,无论是教育界还是法学界,一般认为,只要教师或学校管理人员对儿童的治理和惩罚合乎教育目的即可,在处理校方和儿童的纠纷时应注重维护校方的权威,很少诉诸法律。60 年代左右,人权运动普遍开展,儿童权利运动也蓬勃发展。1959 年 11 月 20 日,联合国第 14 届全体会议通过的《儿童权利宣言》具体说明了儿童应享有的权利。在承认儿童权利的同时,明确指出各国应"逐步采取立法及其他措施,为捍卫这些权利而努力"。《宣言》提出了 10 项原则:① 所有的儿童都平等地享受本宣言中所载的一切权利;② 儿童应享有非凡的保护,应该在健康、正常、自由和尊重的环境中成长;③ 儿童出生后有权获得命名和国籍;④ 儿童应受到生活的保障,得到应有的营养、住所、娱乐和医疗服务;⑤ 低常儿童应得到非凡的医治、教育和照顾;⑥ 儿童尤其是幼儿应得到父母的关心和照顾,社会和公共权力机构应照顾和帮助没有家庭及没有足够营养的儿童;⑦ 儿童至少应在小学阶段享受免费义务教育;⑧ 无论在任何情况下,儿童都应首先受到保护和救济;⑨ 儿童不能被雇佣从事影响其体格和心理发展的活动;⑩ 儿童应在谅解、容忍、人间友谊、和平和世界性友谊的精神下成长。

1979 年,公约起草工作开始。联合国将这一年定为国际儿童年。直至 1989 年,历时十年,公约的起草工作终于完成。11 月 20 日在第 44 届联合国大会上《儿童权利公约》获得一致通过。1990 年 1 月 26 日公约向所有国家开放供签署。在获得 20 个国家批准加入之后,于 1990 年 9 月 2 日正式生效。

2. 公约的结构

《儿童权利公约》由序言和 54 项条款组成,共分为四个部分。序言部分回顾了《联合国宪章》的原则,以及有关人权的宣言和公约中的条款。第一条至第四十一条是实质性条款,这一部分包括儿童的定义、公约的四项原则以及儿童应当享有的生存权、受保护权、发展权和参与权的具体内容。第四十二条至第四十五条是程序性条款,这一部分规定缔约国有定期提交执行公约情况报告的义务,联合国儿童权利委员会负责审议各缔约国的报告,并规定了儿童权利委员会的组成和任期。第四十六条至第五十四条是最后条款，这一部分涉及公约的签署、批准、加入、生效、修改、保留、退出等事项。

3. 公约的主要内容

《儿童权利公约》的条款中所涉及的各项儿童权利分为四大类，即生存权、受保护权、发展权和参与权。

生存的权利，包括儿童有生存的权利，以及有权接受可达到的最高标准的医疗保健服务。受保护的权利，包括保护儿童免受歧视、剥削、酷刑、虐待或疏忽照料，以及对失去家庭的儿童和难民儿童的基本保证。发展的权利，包括儿童有权接受正规和非正规的教育，以及儿童有权享有促进其身体、心理、精神、道德和社会发展的生活条件。参与的权利，包括儿童有参与社会生活的权利，有权对影响他们的一切事项发表自己的意见。

《儿童权利公约》倡导了下列四项原则。

第一，儿童最大利益原则，涉及儿童的一切行为，必须首先考虑儿童的最大利益。第二，尊重儿童基本权利的原则，所有儿童都享有生存和发展的权利，应最大程度地确保儿童的生存和发展。第三，无歧视原则，每一个儿童都平等地享有公约所规定的全部权利，儿童不应因其本人及其父母的种族、肤色、性别、语言、宗教、政治观点、民族、财产状况和身体状况等受到任何歧视。第四，尊重儿童观点的原则，任何事情涉及儿童，均应听取儿童的意见。

二、公约对各国幼儿教育的影响

1989 年 11 月 20 日，联合国大会一致通过了《儿童权利公约》，确立了世界范围内涉及儿童四个方面的权利，即生存、发展、保护和参与权利的准则。1990 年 9 月 29—30 日，世界各国首脑聚会于纽约联合国总部，讨论有关保护世界绝大多数儿童的身心健康问题，并提出了一系列保护儿童身心健康的原则。为了保护儿童身心健康，各国采取了一些措施：如美国要求学前机构在各项活动中应最大限度地保护儿童的健康；英国在幼儿学校中对幼儿实行免费医疗；苏联在 1976 年的《幼儿园教育大纲》的基础上，增加了体育课的教学时数，制定了提高儿童运动积极性的措施，制定了儿童入学前应该达到的身体发育标准和体育锻炼标准。在 1990 年颁布的《学前教育改革构想》中，又明确提出应"保护和增强儿童的健康"，主张保健工作应贯穿在学前教育机构的整个儿童生活组织、物质环境和社会环境的组织以及儿童的各种活动中。虽然这个《学前教育改革构想》并未实施，但它仍然对俄罗斯等由苏联分离出去的国家的幼儿教育产生了重要的影响。如 1994 年由俄联邦教育部发布的《学前教育标准草案》，在相当程度上是《学前教育改革构想》的延续和发展。

三、中国对公约的态度与保留意见

中国对公约采取的态度是积极肯定的。1979 年联合国《儿童权利公约》起草工作小组开始工作,中国自 1980 年起派代表参加了该小组的工作。在公约起草的过程中,中国代表提出过数项提案,多数被与会各方接受,例如不得利用儿童从事生产和贩运毒品(公约第三十三条),不得拐骗、买卖、贩运儿童(公约第三十五条)等。对于过分反映西方国家价值观的提案,中国代表提出了一些修正案,使之能够尽可能反映中小国家的情况。在 1989 年第 44 届联合国大会审议该公约时,中国是有关通过《儿童权利公约》决议草案的共同提案国之一。

1990 年 8 月 29 日,中国常驻联合国大使代表中华人民共和国政府签署了《儿童权利公约》,中国成为第 105 个签约国。1991 年 12 月 29 日第七届全国人民代表大会常务委员会决定批准中国加入《儿童权利公约》。同时声明:中华人民共和国将在符合其宪法第二十五条关于计划生育的规定的前提下,并根据《中华人民共和国未成年人保护法》第二条的规定,履行《儿童权利公约》第六条所规定的义务。1992 年 3 月 2 日,中国常驻联合国大使向联合国递交了中国的批准书,从而使中国成为该公约的第 110 个批准国。该公约于 1992 年 4 月 2 日对中国生效。

四、公约对我国儿童保护的立法和政策之影响

我国签署儿童权利公约后,体现在立法方面越来越注重与国际公约的标准保持一致,也越来越注重对儿童权利的尊重和保护。有关国际文件中涉及的儿童生存与发展问题、儿童的家庭保护、无歧视、儿童的生存健康权、禁止对儿童的虐待、童工问题、儿童的教育权等问题,在我国的法律中都有所体现。例如,1990 年《中华人民共和国残疾人保障法》进一步保障了残疾儿童特别是他们受教育权利的实现。1992 年通过的《中华人民共和国妇女权益保障法》,强调对女童的保护。为解决流动人口中适龄儿童的就学问题,1998 年国家教委、公安部制定了《流动儿童少年就学暂行办法》,要求流入地人民政府依法为流动儿童就学创造条件,提供就学机会,保障其接受一定年限的义务教育。2001 年新修订的《中华人民共和国婚姻法》将原来婚姻法中第十七条中的父母"管教"义务,改为"教育"义务,体现了以儿童为本的立法思想。2001 年通过的《中华人民共和国人口与计划生育法》也强调"禁止歧视、虐待、遗弃女婴"。

国务院妇儿工委、全国人大内务司法委员会青少年专门小组等,在协调和推动政府有关部门执行妇女儿童的各项法律法规和政策措施,在落实男女平等基本国策,坚持儿童优先原则,致力于中国妇女儿童的生存、保护和发展,协助国务院制定和发布《九十年代中国儿童发展规划纲要》和《中国儿童发展纲要(2001—2010 年)》等,在发展儿童事业方面发挥了重要作用。

1992 年发布的《九十年代中国儿童发展规划纲要》,是中国第一部以儿童为主体、促进儿童发展的国家行动计划。2001 年发布的《中国儿童发展纲要(2001—2010 年)》,按照《中华人民共和国国民经济和社会发展第十个计划纲要》的总体要求,根据我国儿童发展的实际情况,

以促进儿童为主题,以提高儿童身心素质为重点,以培养和造就21世纪社会主义现代化建设人才为目标,从儿童与健康、儿童与教育、儿童与法律保护、儿童与环境四个领域,提出了2001—2010年的目标和策略措施。在每一主题下均对主要目标和策略措施作出了详细的规定。例如,规定"尊重、爱护儿童,使儿童免受一切形式的歧视和伤害"。并要求社会各界采取积极措施,"在全社会树立尊重儿童、爱护儿童、教育儿童的良好风尚,保障儿童参与的权利"。这是一个全面保护儿童和尊重儿童的纲领,教育部、卫生部、文化部等政府部门,对儿童医疗保健、儿童教育、儿童参与健康的文化活动极为重视,并做了大量的工作。例如,成立全国性的爱婴医院4 730所,使婴幼儿的健康水平显著提高;通过计划免疫,消灭了脊髓灰质炎;全民食盐加碘,为2岁以内的幼儿等特需人群补用碘油丸,减少了残疾的发生;国家投资兴建城市儿童福利院,收养孤儿等,都体现了对儿童的保护提到了相当重要的位置。

二十多年来,在《儿童权利公约》的影响下,一个以《中华人民共和国宪法》为核心,以《中华人民共和国民法典》等基本法律为骨干,由《中华人民共和国未成年人保护法》《中华人民共和国义务教育法》《中华人民共和国母婴保健法》等民事和行政法律法规以及地方性法规和大量司法解释性文件组成的,具有中国特色的儿童权利的法律保障框架正逐步形成。

第九节 《国家中长期教育改革和发展规划纲要(2010—2020年)》概述

2010年7月8日中共中央、国务院发布《国家中长期教育改革和发展规划纲要(2010—2020年)》(中发〔2010〕12号)(以下简称《教育规划纲要》)。《教育规划纲要》是21世纪我国第一个中长期教育改革和发展规划,是今后一个时期指导全国教育改革和发展的纲领性文件。

制定并实施《教育规划纲要》,优先发展教育,提高教育现代化水平,对满足人民群众接受良好教育需求,实现全面建成小康社会奋斗目标、建设富强民主文明和谐的社会主义现代化国家具有决定性意义。

《教育规划纲要》明确提出,今后十年,我国教育改革与发展的指导思想要"高举中国特色社会主义伟大旗帜,以邓小平理论和'三个代表'重要思想为指导,深入贯彻落实科学发展观,实施科教兴国战略和人才强国战略,优先发展教育,办好人民满意的教育,建设人力资源强国",为教育改革与发展提供了方法论指导,同时指明了教育改革与发展的根本方向和所承担的价值使命。

在上述思想的指导下,《教育规划纲要》明确提出二十字工作方针,即"优先发展,育人为本,改革创新,促进公平,提高质量",从总体上规划了今后十年教育改革与发展的战略地位、根本要求和核心任务。这二十字方针彼此之间是存在内在联系的,是一个整体,也需要作为一个有机整体来加以理解和把握。"优先发展"反映了教育事业的战略地位,是各级政府处理教育事业发展与其他经济社会事业发展关系的总体要求,强调了教育事业发展的政治、政策和条件保障,强调把支持和发展教育事业纳入整个社会发展总体战略中加以考虑和规划。"育人为本"是对教育事业提出的根本要求,反映了教育活动不同于其他社会实践活动的根本特性、价值取向和目的追求。"改革创新"是教育事业发展的强大动力,是解决现实教育生活中存在的各种各样矛盾和问题,建立一个充满生机和活力的、有中国特色社会主义现代教育体系的根本途径。"促进公平"是国家的基本教育政策,体现了社会主义教育的核心价值原则和价值追求,也是办好人民满意的教育、回应社会舆论中以各种教育不公平抱怨的紧迫任务。"提高质量"是教育改革与发展的核心任务,是基本普及九年义务教育和进入高等教育大众化时代之后,我国教育事业发展亟待解决的重大战略性课题,也是满足人民群众对优质教育需求、建设人力资源强国的必由之路。

《教育规划纲要》明确指出,今后十年我国教育事业改革与发展的战略目标是,"到2020年,基本实现教育现代化,基本形成学习型社会,进入人力资源强国行列"。这个战略目标的提出,从总体上回答了我国教育事业的改革与发展要建立一个什么样的中国特色社会主义现代教育体系以及为什么要建立这样一个中国特色社会主义现代教育体系问题。"基本实现教育现代化,基本形成学习型社会"既反映了中国特色社会主义现代化建设的总体要求和阶段性任务,也勾画了中国特色社会主义现代教育体系的基本特征——惠及全民的公平教育、更加丰富的优质教育、体系完备的终身学习体系、健全而充满活力的教育体制等。"进入人力资源强国",表达了通过教育事业的改革与发展,把我国从一个人力资源大国提升为人力资源强国的价值愿景。基于这样的战略目标,《教育规划纲要》提出了今后十年我国教育事业改革与发展的战略主题——坚持以人为本,推进素质教育,从根本上回答了办什么样的教育、培养什么样的人以及如何办教育、如何培养人的重大教育问题。

《教育规划纲要》用专门的章节提出了基本普及学前教育、明确政府对学前教育的职责、重点发展农村学前教育的规划目标和工作重点,体现了国家对学前教育的高度重视。《教育规划纲要》指出,2020年基本普及学前教育的发展规划目标是贯彻落实"十七大"和十七届三中全会提出的"重视学前教育""发展农村学前教育"的具体体现,是促进各级各类教育协调发展、提高国民素质、建设人力资源强国的重要举措。

基本普及学前教育具有两个方面的含义:一是提高学前儿童的入园率;二是普及科学优质的学前教育。《教育规划纲要》中明确提出:"积极发展学前教育,到2020年,全面普及学前一年教育,基本普及学前两年教育,有条件的地区普及学前三年教育。""遵循幼儿身心发展规律,坚持科学的保教方法,保障幼儿快乐健康成长。"

明确政府对学前教育的职责,学前教育是国民教育体系的重要组成部分,是基础教育的奠基阶段,是一项惠及亿万儿童的公益事业。明确和落实政府责任是学前教育事业健康发展的重要保证。针对近年来各级政府对学前教育的职责不够明确、落实不力的现状,《教育规划纲要》提出学前教育要"明确政府责任",这是改革当前学前教育的管理体制,解决学前教育事业发展中的突出问题,加快学前教育的普及和事业发展的关键所在。

重点发展农村学前教育,长期以来农村学前教育发展缓慢,资源匮乏,尤其是中西部地区农村学前教育的普及率极低。随着义务教育的普及,广大农村对学前教育的需求更加强烈。加快发展和普及学前教育的重点、难点和潜力都在农村。政府切实履行职责,加大财政投入,大力发展普惠性乡村学前教育机构,才能促进农村幼儿入园率的大幅度提高,从而实现基本普及学前教育的目标。

《教育规划纲要》提出发展农村学前教育的基本工作思路是:把发展农村学前教育纳入社会主义新农村建设规划,努力提高农村学前教育普及程度,着力保证留守儿童入园。加大财政投入,组织实施"推进农村学前教育"重大项目,支持办好现有的乡镇和村幼儿园;重点支持中西部贫困地区利用小学富余校舍和社会资源,改建、扩建或新建一批乡镇和村幼儿园;对农村幼儿园园长和骨干教师进行培训。各地根据学前教育普及程度和发展情况,逐步对农村家庭经济困难子女接受学前教育予以资助。

案 例

依法执证上岗,园长的规定有依据[①]

【案情】

某幼儿园教职员工工作效率低下,园长为改变这一状况,出台了一个规定:"无证者下岗,有证者竞争上岗。"这样一来,不少人担心下岗,要么纷纷跑去找园长,要么去考各种资格证。可有人不相信:"园长不过随口说说吓唬人的,都是老员工了,哪能真这么较真,哪个园又能真的做到……"甚至有人拍桌子反对园长。那么,幼儿园出台这一规定是否有法律、法规依据呢?

【分析】

本案涉及幼儿园如何与每位劳动者签订劳动合同以及幼教工作人员的从教资格问题。

根据《幼儿园管理条例》《幼儿园工作规程》和《教师资格条例》等法规,幼教人员的从教资格有如下规定。

---

① 周天枢.幼儿园100个法律问题[M].广州:新世纪出版社,2010.

1. 不分岗位、职务,凡无卫生行政部门颁发的健康证者一律不得在幼教岗位工作。《幼儿园管理条例》第九条规定:"慢性传染病、精神病患者,不得在幼儿园工作。"当事人不能取得健康证,说明其身体不适合从事幼儿园工作,理应转岗从事其他工作。

2. 不同岗位、不同的职能和性质,也要求具备相应的从业资格。

《幼儿园管理条例》第九条和《幼儿园工作规程》第四十至四十三条有详细的规定:

(1) 园长必须有园长岗位培训合格证;

(2) 教师必须具有《教师资格条例》规定的幼儿园教师资格;

(3) 医生必须具有医师资格;

(4) 医士和护士应具有中等卫生学校毕业学历,或者取得卫生行政部门的资格认可;

(5) 保健员应当具备高中学历,并受过幼儿保健职业培训;

(6) 保育员应具备高中以上学历,并受过幼儿保育职业培训。

不具备上述任职资格条件的,属于不称职或者不合格的幼教人员,或者下岗、转岗,或者参加培训取得相应的资格后,才能从事学前教育工作。

由此可见,幼儿园所有人员都要依法执证上岗,这是有法律依据的;园长较真不是跟谁过不去,完全是为了工作,为了孩子着想。

【建议】

1. 随着我国法治建设的不断完善,各个行业的法律法规也会不断完善与成熟。法律法规会对不同行业的岗位作出相应的要求,这是法治社会发展的必然趋势,作为现代社会的公民,均应明白这一道理。

2. 作为幼儿园的工作人员,无论在哪个岗位,都应当关心和学习相关的法律法规,提高自身的法律修养。

思考题

1. 简述《幼儿园管理条例》的主要内容。

2. 简述《幼儿园工作规程》的主要内容。

3. 简述《幼儿园教育指导纲要(试行)》的主要内容。

4. 根据《教育法》谈谈我国的教育方针。

5. 我国对未成年人的保护,从哪几个方面着手?

6. 《儿童权利公约》中,儿童权利有哪几个内容,请分别阐述。

7. 《国家中长期教育改革和发展规划纲要(2010—2020 年)》对学前教育极为重视,具体体现在哪些方面?

第四章 幼儿的权利

```
幼儿的权利
├─ 幼儿的法定权利与义务
│   ├─ 幼儿的法定权利
│   └─ 幼儿的法定义务
├─ 幼儿权利的保护
│   ├─ 幼儿权利的保护
│   ├─ 对幼儿权利的侵犯
│   └─ 侵权纠纷的解决途径
├─ 幼儿与幼儿园的法律关系
└─ 幼儿园伤害事故的民事责任
    ├─ 民事责任的定义及其特征
    ├─ 民事责任的种类
    ├─ 幼儿园伤害事故的法律特征
    ├─ 伤害事故的归责原则
    └─ 伤害事故的责任承担形式
```

第一节 ★ 幼儿的法定权利与义务

近几年来,幼儿在幼儿园发生人身侵害而引起诉讼之事不断增多。一方面说明人们的法治意识增强了,能用法律来保护自身(子女)的合法权益;另一方面,也给幼教工作者提出了一个不可回避的新问题,幼儿教师必须明确幼儿的权利与义务,必须依法办事,才能使幼教工作与日益完善的法治建设同步前进,与现代教育相适应。

一、幼儿的法定权利

幼儿作为民事主体必定具有权利能力,依法享有法律法规规定的合法权益。根据我国现

行的法律法规,幼儿的权利很多,本书仅将与幼儿园有关的一些权利和义务进行探讨,供幼教工作者参照。

(一) 姓名权

在法律上,姓名的意义主要体现在两个方面。其一,姓名是使自然人特定化的社会标志。特定的姓名代表特定的民事主体,从而姓名成为民事主体资格的外在表现。其二,姓名是自然人维持其个性所必不可少的要素,是自然人作为人所必须具备的人格利益。

姓名权是自然人依法享有的决定、变更和使用自己的姓名并得以排除他人干涉或非法使用的权力。此处的姓名包括户籍上的姓名,以及曾用名、艺名、笔名,但乳名原则上不属于姓名。

《民法典》第一千零一十二条规定:"自然人享有姓名权,有权依法决定、使用、变更或者许可他人使用自己的姓名,但是不得违背公序良俗。"第一千零一十四条规定:"任何组织或者个人不得以干涉、盗用、假冒等方式侵害他人的姓名权或者名称权。"这一规定明确了权利主体依法享有的权利,任何不特定的人都负有不得侵害和不妨碍权利人行使权利的义务。幼儿的姓名由其监护人决定或变更。幼儿园应正确使用幼儿的姓名,不得任意改变其姓名。

(二) 肖像权

肖像权是自然人对自己的肖像享有利益并排斥他人侵害的权利。肖像权所保护的客体是肖像上所体现的人格利益,它直接关系到自然人的人格尊严及其形象的社会评价,是自然人所享有的一项重要人格权。

《民法典》第一千零一十八条规定:"自然人享有肖像权,有权依法制作、使用、公开或者许可他人使用自己的肖像。"第一千零一十九条规定:"任何组织或者个人不得以丑化、污损,或者利用信息技术手段伪造等方式侵害他人的肖像权。未经肖像权人同意,不得制作、使用、公开肖像权人的肖像,但是法律另有规定的除外。"幼儿的肖像权由其监护人行使,幼儿园应切实维护其权益,未经同意不得将幼儿的肖像给厂商或报刊媒体作广告宣传之用,也不得非法毁损、玷污、丑化幼儿的肖像。

案例

上海某幼儿园在为中班幼儿过集体生日时拍了一组照片,效果相当好。一家蛋糕店老板恰好有机会看到这些照片,便选了两张作宣传广告之用。幼儿园感到这样的宣传对自己也是有利的,根本没有考虑到肖像权问题,故非常乐意地奉送了两张幼儿照片。宣传画贴出后,孩子的父母即向店老板提出异议,店老板认为是幼儿园同意使用的,故自己不存在侵权之嫌。父母又向幼儿园提出侵权赔偿的交涉,幼儿园这才意识到自己的行为侵犯了幼儿的肖像权。最后双方通过协商解决了纠纷。

(三)著作权

著作权又称版权,是作者及其他著作权人对其创作的文字、科学和艺术作品依法享有的权利。著作权是民事权利,是知识产权的组成部分。著作权包括人身权和财产权两大类。根据《中华人民共和国著作权法》第十条的规定,人身权包括作者对其作品的发表权、署名权、修改权和保护作品完整权。财产权指作者及其他著作权人对其作品依法所享有的使用和获得报酬的权利。

幼儿不可能创作小说、剧本、论文等,但有不少幼儿能完成儿童画、书法、摄影作品,有些还能见诸报刊。不能因为幼儿尚未成年而剥夺其版权,只要其作品符合著作权法的有关规定,即形成著作权。幼儿园在使用其作品时应征得幼儿监护人的同意,否则不得任意展览或向报刊投稿。

案例

一位颇有美术天赋的小孩,自小喜欢画画,并常有儿童画获奖或发表,从中班到大班已有十多张儿童画见诸国内的报刊。有一次,该幼儿的家长收到一封来自一家幼教刊物的批评信,希望他们不要把儿童画一稿多投。原来,有一张儿童画在两家刊物上几乎同时发表,而父母仅投了一家,另一稿是幼儿园老师翻拍成照片后寄去的,幼儿园没有与家长沟通。幼儿园也是为了幼儿着想,出于好意,希望自己幼儿园的孩子能多发表一些儿童画,同时也能为自己的幼儿园作良好的宣传。但是,幼儿园在没有征得父母同意的情况下,擅自将幼儿的作品投稿,侵犯了幼儿的著作权。

(四)隐私权

隐私权是自然人就自己个人私事、个人信息等个人生活领域内的事情不为他人知悉、禁止他人干涉的权利。

《民法典》第一千零三十二条规定:"自然人享有隐私权。任何组织或者个人不得以刺探、侵扰、泄露、公开等方式侵害他人的隐私权。"

《民法典》第一千零三十三条规定：除法律另有规定或者权利人明确同意外，任何组织或者个人不得实施下列行为：

（1）以电话、短信、即时通讯工具、电子邮件、传单等方式侵扰他人的私人生活安宁；

（2）进入、拍摄、窥视他人的住宅、宾馆房间等私密空间；

（3）拍摄、窥视、窃听、公开他人的私密活动；

（4）拍摄、窥视他人身体的私密部位；

（5）处理他人的私密信息；

（6）以其他方式侵害他人的隐私权。

《未成年人保护法》第四条规定：保护未成年人隐私权和个人信息。

幼儿园应该尊重幼儿的隐私权，不得错误地认为小孩子哪有什么隐私，更不能把幼儿的隐私拿来开玩笑。这无论从促进幼儿的健康成长，还是从法律的角度来看，均是不应该的。

（五）名誉权

名誉权是自然人或法人就其自身特征所表现出来的社会价值而获得社会公正评价的权利。《民法典》第一千零二十四条规定："民事主体享有名誉权。任何组织或者个人不得以侮辱、诽谤等方式侵害他人的名誉权。"

幼儿具有独立的人格，依法享有名誉权。任何侮辱、诽谤、捏造事实、散播流言蜚语、损害幼儿名誉的行为，都是违法行为，同时伤害幼儿的人格尊严。

（六）受教育权

受教育权是指公民有在国家提供的各类学校和机构中学习科学文化知识的权利，是公民的一项基本权利。

《中华人民共和国宪法》第四十六条规定："中华人民共和国公民有受教育的权利和义务。"《中华人民共和国教育法》第九条规定："公民不分民族、种族、性别、职业、财产状况、宗教信仰等，依法享有平等的受教育的机会。"《未成年人保护法》第十六条规定："未成年人的父母或者其他监护人应当尊重未成年人受教育的权利。"

尽管有如此多的法律、法规对幼儿的受教育权加以保护，但事实上这一权益也常受到侵犯。有些幼儿园任意停课，让幼儿为商家的开张列队祝贺；个别幼儿教师让不听话的孩子在门外罚站等。这些行为都侵犯了幼儿的受教育权。

（七）生命、健康、身体权

生命权是以自然人的生命安全利益为内容的权利，生命安全是自然人从事民事和其他一切活动的前提和基本要求。

健康权是自然人依法享有的以保持其身体机能安全为内容的权利,健康包括肉体组织、生理及心理机能三个方面的健康。无论对哪一方面的侵害都构成对自然人健康的侵害。

身体权是指自然人保持其身体组织器官的完整性为内容的权利。身体是生命的物质载体,生命是自然人身体的活动能力,自然人的躯体只有在具有生命的前提下才能成为其身体。身体权因创伤而受损,生命因死亡而受损。

生命、身体、健康权,在我国民法中一般统称为生命健康权。《民法典》第一千零二条规定:"自然人享有生命权。自然人的生命安全和生命尊严受法律保护。任何组织或者个人不得侵害他人的生命权。"第一千零三条规定:"自然人享有身体权。自然人的身体完整和行动自由受法律保护。任何组织或者个人不得侵害他人的身体权。"第一千零四条规定:"自然人享有健康权。自然人的身心健康受法律保护。任何组织或者个人不得侵害他人的健康权。"

《中华人民共和国义务教育法》第二十九条规定:"教师不得对学生实施体罚、变相体罚。"《未成年人保护法》第二十七条规定:"学校、幼儿园的教职员工应当尊重未成年人人格尊严,不得对未成年人实施体罚、变相体罚或者其他侮辱人格尊严的行为。"

幼儿园应不断完善管理制度,加强对幼教工作人员的职业教育,提高其自身的素质。在硬件设施上,尽量考虑到幼儿的特点,避免活动中可能造成的伤害事故。教师对幼儿应该以正面引导为主,切忌动手体罚伤害幼儿的身体。否则,一旦造成事故,不仅要追究其民事责任,还有可能追究刑事责任。

案例1

某市一幼儿园,常将一大盆很烫的粥放在过道边地上冷却,而这过道又是幼儿经常出入的地方。一次几个幼儿在此经过,其中两个孩子推推搡搡,结果一个孩子被人一推,一屁股坐在烫粥之中,发生大面积烫伤,幼儿的健康权受到了侵犯。而本案中幼儿园明显是有过错的,幼儿园不应该把这样的粥盆放置于幼儿进出并能触及的走道旁。经过诉讼,法院判决幼儿园作出赔偿。

案例2

浙江玉环县某幼儿园老师,将一名不听话的幼儿,用剪刀剪去一截手指,造成幼儿终身残疾,严重侵犯幼儿的身体权,并且触犯了刑法,依法被追究刑事责任。

(八) 获得公正评价的权利

幼儿在幼儿园有获得公正评价的权利。《中华人民共和国教育法》第四十三条第三款规定,学生应"在学业成绩和品行上获得公正评价"。幼儿园教师应实事求是地对幼儿进行评定,不得以个人的好恶而有失偏颇。让家长对幼儿在幼儿园的表现能够全面了解,有利于幼儿健康地成长。

(九) 财产权

财产权是指财产所有人依法对自己的财产享有的占有、使用、收益和处分的权利。

《中华人民共和国教育法》第四十三条第四款规定,如果学校、教师侵犯了受教育者的人身权、财产权等合法权益,可以提出申诉或者依法提起诉讼。幼儿经常会把自己家中的玩具或宠物带进幼儿园,教师应依法进行处理或管理,不得任意损坏、没收、抵押、占有、使用等。

(十) 人身自由权

人身自由权是公民的人身不受非法的拘禁、逮捕、管制、搜查以及其他侵害,是公民最起码、最基本的自由,是享有其他权利不可缺少的条件。

《中华人民共和国宪法》第三十七条规定,"中华人民共和国公民的人身自由不受侵犯","禁止非法拘禁和以其他方法非法剥夺或者限制公民的人身自由,禁止非法搜查公民的身体"。

有些幼儿园教师法治观念淡薄,对不守纪律的孩子不是采取正确的教育手段,而是用罚站、关进小房间等违法措施;在班上,有的幼儿丢了钱物后,个别教师采用搜身等非法行为,侵犯了幼儿的人身自由权。

二、幼儿的法定义务

幼儿的权利与义务是同时存在的,享受一定的权利就应履行一定的义务。但是幼儿是无民事行为能力人,又是无刑事责任人,与成人有相当大的不同。根据《中华人民共和国宪法》第二章和《中华人民共和国教育法》第四十四条的规定,幼儿应履行以下义务:

(1) 遵守幼儿行为规范,尊敬师长,讲文明讲礼貌,养成良好的思想品德和行为习惯;

(2) 热爱祖国,热爱家乡,有民族的自豪感、自尊心;

(3) 尊重他人,关心他人,热爱班级和学校集体,爱护集体荣誉。

第二节 ★ 幼儿权利的保护

当前,我国的法治建设正在不断发展中,教育法律法规体系也正处在不断充实、完善之中。关于幼儿权利保护的单项法律尚未能出台,造成幼教立法滞后于幼教实践的状况。幼儿的法定权利主要散见于《中华人民共和国宪法》《中华人民共和国教育法》《中华人民共和国未成年人保护法》《幼儿园工作规程》等法律法规之中。

一、幼儿权利的保护

幼儿是人群中力量最弱的群体,其合法权利极易被侵犯,要使幼儿的权利真正得到体现,必须设立一个权利保护的体系,让全社会动员起来,抵制一些侵犯幼儿权利的行为,切实保护幼儿的合法权利。

(一)家庭保护

家庭是以婚姻或血缘关系或收养关系为基础的一种社会生活组织形式。在社会这个庞大的有机体中,家庭只是一个"细胞",它不仅具有繁衍后代的功能,而且还有教育后代、保护后代的社会职责。家庭保护是通过父母或其他监护人对幼儿依法行使监护权,履行对幼儿进行抚养教育、保护和法律规定的其他义务而完成的。家庭中的其他成年人有协助幼儿的监护人行使保护的责任。

父母或其他监护人要以健康的思想、文明的言行和正确的方法教育影响幼儿,保护幼儿的合法权利,使其沿着健康的方向成长。监护人应做到以下五项。

(1)尊重幼儿接受学前教育的权利,不应剥夺幼儿接受教育的权利,不得使在幼儿园的幼儿辍学。

(2)关心幼儿的日常生活和在幼儿园的活动,不让幼儿接触不适合他们的视、听、读物,不带幼儿进入不适合、不安全的活动场所。

(3)教育孩子遵纪守法,尊敬师长;要求讲真话,讲实话,不说谎话,不骗人。

(4)接受家长学校或幼教机构的指导,学习掌握教育幼儿的科学方法。

(5)对于重新组合的家庭或非婚生幼儿,继父母必须依法履行抚养、教育保护的义务,不得歧视、虐待、辱骂乃至遗弃幼儿。

(二)幼儿园保护

幼儿园是专门从事幼教工作的场所,也是保护幼儿受教育权的主要部门。幼教工作者应当尊重幼儿的受教育权,关心爱护幼儿;应当尊重幼儿的人格尊严,不得实施体罚、变相体罚以及侮辱人格的行为。为幼儿提供健康安全的活动器材和教育设施。幼儿园的保护具体内容如下。

(1)幼儿教师应为人师表,以自身良好的言行影响和教育学生。对调皮、不听话的幼儿应当耐心教育,不得放任不管或任意剥夺其参与各项活动的权利。

（2）幼儿园要为幼儿提供合格、卫生的教学和生活设施,要保证幼儿活动、饮食的健康与安全,保证幼儿充足的休息时间。

（3）教师应尊重幼儿的合法权益,维护幼儿的合法权利,对于损害幼儿权利的行为,可以通过合法的途径来交涉处理。

（4）幼儿园应与家长密切联系,并对家长进行家庭教育的指导,共同探讨教育幼儿的有效方法。

（5）对于残障幼儿,教师应采取多种保护性措施,帮助他们克服学习、生活、文体活动等方面的困难,教育其他幼儿要尊重他们、关心他们、爱护他们。

（三）社会保护

社会是以共同的物质生产为基础而相互联系的人们的总体,社会保护就是要给幼儿提供良好的条件、场所、环境,禁止他们参加一些不利于其成长的活动。具体包括以下内容。

（1）影视、文化、出版以及其他有关单位和人员,要为幼儿创作、出版、发行、展出、演出、播放适合幼儿特点,并有利于其身心健康的影视、录音、录像、书籍、报刊、图画、文艺节目和其他精神产品。凡提供精神产品的单位和个人,都应对其内容负责,有不适宜幼儿身心健康发展的,禁止提供。

（2）儿童乐园、公园等公共娱乐场所中为幼儿提供服务的设施环境,应符合幼儿的特点,保证安全健康,一些须有父母陪同下才可进行的活动项目,应有明显标志,并禁止幼儿单独参与。

（3）社区内的企事业单位要与幼儿园配合,为幼儿园的教育工作提供人力或物质上的帮助,并尽可能地降低收费或免费。

（4）各级工会、妇联、体协应把保护幼儿的健康成长列为经常性的工作,经常会同教育部门建立家庭教育指导机构,提供幼儿教育的咨询服务,提供家庭教育的各种指导。

（5）居民委员会、村民委员会应在有关政府的指导下,开展保护幼儿的活动,利用寒暑假,进行有益于身心健康的文体活动。

（6）公民有义务帮助有困难的幼儿,对于家庭暴力、虐待幼儿的行为,任何公民、组织均有义务向有关部门反映,以保护幼儿的合法权益。

（四）立法保护

无论是家庭、幼儿园和社会的保护,都必须以法律为后盾,以法律为依据,否则,将于法无据,不可能真正保护幼儿应有的权利。在我国的社会主义法制不断健全的今天,运用立法手段来保护幼儿的权利,已经开始启动。

1990年8月29日,中国政府正式签署了联合国《儿童权利公约》。1992年3月2日,全国人大批准了该公约,《儿童权利公约》于同年4月1日正式在中国生效。该公约规定18岁以下儿童的基本权利有四种,即生存权、发展权、保护权、参与权。

1991年9月4日全国人大常委通过了《中华人民共和国未成年人保护法》,并于1992年1月1日起实施,该法第二、三、四章的有关条款对幼儿的保护作出了专门的规定。1995年3月我国颁布的《中华人民共和国教育法》规定了学前教育的性质、任务,幼儿园的保育规范、卫生保障规范和幼儿保护规范。在《中华人民共和国残疾人保障法》中有相应条款对残疾幼儿的教育作了规定。

《幼儿园管理条例》和《中华人民共和国残疾人教育条例》作为行政法规,对学前儿童的保护制定了相应的条款;还有2016年实施的规章《幼儿园工作规程》也有相关的条款。

许多地方政府及地方人大,为了保护幼儿的合法权益也出台了不少地方性法规和规章。如1997年2月起实施的《广州市幼儿教育管理规定》、1998年1月施行的《青岛市托幼管理条例》。

由此可见,随着国家法治工作的不断健全与完善,有关幼儿权利的保护的法规、规章也纷纷颁布实施,它们对幼儿合法权利的保护起了积极的作用。但是,与发达国家相比,我国对幼儿的保护还存在一定的差距。美国、英国、澳大利亚等都有专门的《儿童法案》或《学前教育法》,详细规定了幼儿的法定权利及其保护措施,切实保障了幼儿的各项权利。而我国尚没有如此的专门法律,现有的一些规章条例的法律地位不高,仅属于行政法规或是地方性法规的层次,故希望人大或人大常委会能尽早制定幼儿保护的专门法律,切实保护幼儿的合法权利。

二、对幼儿权利的侵犯

尽管涉及幼儿权利保护的法律规范有不少,但是幼儿的合法权利受到侵犯还是频频发生。根据侵权发生地的不同,可把对幼儿的侵权分为家庭侵权、幼儿园侵权和社会侵权三类。

(一)家庭侵权

一般来说,父母、祖父母、外祖父母对孩子都是宠爱有加,爱护过头,怎么会发生侵犯幼儿权利的事呢?听起来似乎有些奇怪,然而现实确实让我们不容乐观。请看以下两例事件。

案例1

天津市东丽区华明镇29岁农民李某,在外面喝多了酒,带着醉意回到家中,由于双眼迷离,一进门就被板凳绊了一跤。他失去重心,一屁股坐到正躺在沙发上看电视的儿子的腿上,结果造成孩子的右腿骨裂。

——《扬子晚报》2001年3月23日

案例 2

　　广州番禺区银龙工业区某公司刘某夫妇与往常一样,晚上睡觉前将年仅 3 岁的儿子抱到隔壁房间的小床上睡。可刘某发现小孩烦躁不安、情绪异常、面色潮红且阴茎轻度勃起,于是便想起自己晚上用剩放在桌子上的三粒"伟哥"好像被儿子拿过,顿觉不妙,连忙将儿子送往医院治疗。

——《扬子晚报》2001 年 4 月 1 日

　　以上两例均是幼儿的监护人之一(父亲)的过失行为,造成对幼儿健康权的侵犯。尽管其主观上是无侵权的,但是对损害的结果是负有责任的,且有一定的过错,没有尽到监护人的职责,所以构成侵权是无疑的。

(二) 幼儿园侵权

　　幼儿园是幼儿接受教育、获取知识的专门场所,幼儿园应保护幼儿的各种合法权益。但是由于观念的陈旧、教育设施的限制、教职工素质的局限,近年来幼儿园时常发生侵犯幼儿合法权利之事。

案例

　　肥城市某幼儿园聘用吴某为该幼儿园小班的带班老师,吴某从小养成频繁眨巴眼睛的毛病。几个月的带班时间,吴某眨巴眼睛的不良习惯对幼儿产生了十分严重的影响,全班 35 个小朋友模仿吴老师眨巴眼睛的习惯,学得惟妙惟肖,引起众多家长强烈的反应,最后幼儿园辞退了吴某。

——《扬子晚报》2001 年 3 月 23 日

　　本案中,幼儿园辞退吴某是合法之举,有力地保护了幼儿的受教育权。但是吴某受聘任教期间,其教学行为代表了幼儿园的职务行为,而吴某的生理缺陷导致她给幼儿带来的是不合格的教育,对孩子的负面影响太大了,直接侵犯了幼儿的受教育权,所以说这是幼儿园对幼儿受教育权的侵害。

案例

　　浙江省萧山市职工幼儿园大(3)班的女孩旦旦,睡在幼儿园集体寝室的高铺上,一天午睡醒来后,准备穿衣起床,不知怎的,突然从床上摔了下来,当即大哭。当班老师立即起来帮她揉了揉头,劝慰了几句。旦旦不哭了,休息了一会儿就和别的小朋友一道听英语课了。当晚 9 时许,孩子忽然开始哭闹、呕吐,被送往医院检查。医生决定实施开颅手术,最后保住了旦旦的性命却留下了后遗症。为此旦旦父母与幼儿园几经交涉未果而走上了法庭。一审法院判决幼儿园负主要责任——承担 90％的责任,小女孩负 10％的责任。

——《扬子晚报》2001 年 3 月 31 日

本案中,幼儿的身体健康权遭到了侵害,这与幼儿园铺位的设置及其管理有直接的关系,幼儿园是有过错的,所以应承担相应的民事责任。

(三)社会侵权

社会对幼儿的侵害之事,在近几年的新闻报道中经常可以见到。社会侵权范围较广,大多发生于社会公共娱乐场所或服务场所,如商场、超市、公园、儿童乐园,以及社区的相关场所。

案例

天津的 5 岁男童徐岩,与父母一起到一家麦当劳餐厅消费,并在儿童游乐区的滑梯玩耍,结果摔伤。于是徐岩以天津麦当劳食品公司为被告,向法院提起诉讼。原告认为,麦当劳餐厅内的儿童游乐设施是其提供服务的一部分,但疏忽了安全防范措施,造成了孩子摔伤,要求被告承担医疗费、营养费。

——《服务导报》2001 年 4 月 4 日

如果原告所说属实,麦当劳公司提供的儿童活动设施存在着安全隐患,又疏忽了管理与防范,那么幼儿身体的伤害确实要由麦当劳公司负责。

案例

茂名市某照相馆老板戴先生去年在其他照相馆捡到一张刚满周岁的男婴的裸照,觉得很好看,就拿回去进行加工处理后印在自己照相馆的取相袋封面作宣传画。不料,才派出几张相袋,就有人通知了孩子的父亲陈某。陈某就去照相馆进行了交涉,双方未能达成协议。陈某作为男婴的法定代理人起诉戴某。法院判决被告赔偿 1 000 元给原告。

——《扬子晚报》2001 年 3 月 25 日

三、侵权纠纷的解决途径

幼儿的合法权利受到侵犯后,监护人可以通过多种途径来解决,具体的方法有协商、调解、仲裁、复议、诉讼。当事人可以根据具体的侵权情况选择解决的途径。

(一)协商

幼儿的权利遭到侵害,其监护人可以根据我国法律的有关规定,向侵权人提出赔偿损失、赔礼道歉等合法请求,侵权方如认为合情合理合法,愿意接受对方提出的请求,并予履行,协商即告成功。

(二)调解

纠纷发生后,在有关组织或人员的主持下,依据国家的法律法规及相关政策,根据双方当事人的请求及实际情况,运用说服教育的办法,劝导纠纷双方当事人通过自愿协商解决纠纷。

主持调解人,可以是人民调解委员会,也可以是行政机关或司法机关,可以是当事人所在的单位、居委会、工会、妇联组织,也可以是接受委托的律师。

(三)仲裁

双方当事人在争议发生前或争议发生后达成协议,自愿将争议交给仲裁庭作出裁决,并有义务执行仲裁裁决的方法。

仲裁必须建立在自愿基础上,仲裁的范围有一定的限制。依据我国的《仲裁法》规定,婚姻、收养、监护、抚养、继承纠纷,以及依法应由行政机关处理的行政争议不能仲裁。

(四)复议

这里的复议主要指行政复议。幼儿监护人认为行政机关的具体行政行为侵犯了孩子的合法权益,可以向行政机关提出行政复议申请,行政机关依据《中华人民共和国行政复议法》受理复议申请,并作出行政复议决定。

(五)诉讼

简而言之,诉讼即上法院打"官司",当事人一方向法院提出有关的诉讼请求,由法院作出判决。从我国现行法律制度来看,凡符合民事诉讼法、行政诉讼法和刑事诉讼法受案范围的,都可以通过诉讼途径解决侵权纠纷。根据案件的性质不同,诉讼分为民事诉讼、行政诉讼、刑事诉讼三大类。

（六）特殊情况的说明

如果幼儿受到监护人的虐待、拘禁、毒打等，造成一定的身体伤害及较坏的社会影响，那么儿童维权组织、街道、居委会、村委会、妇联、监护人所在工作单位，应该对监护人批评教育；制止其不法侵权行为，及时纠正；采取相应的措施对幼儿的伤害进行医治。如果其性质已经触犯刑律，那么就由检察机关提出公诉，追究监护人的刑事责任。

第三节　★　幼儿与幼儿园的法律关系

幼儿与幼儿园之间的法律关系的确定，不但是解决目前幼儿园中幼儿伤害事件的法律基础，也是保证幼儿园教育工作顺利开展的前提。近几年来，幼儿在幼儿园受到伤害而引发的诉讼呈上升趋势，这引起了一个热点问题：幼儿与幼儿园之间是何种法律关系？无论在教育界还是法学界，均没有一个统一的答案。笔者在此作一初步的探讨，供相关人士参考。

幼儿园与幼儿的法律关系，目前大致有这样三种观点：① 监护关系；② 准行政法律关系；③ 教育、管理和保护关系。

下面就这三种观点，作详尽的分析。

所谓监护，是为保护无民事行为能力和限制民事行为能力人的人身和财产权而由特定公民或组织对其予以监督、管理和保护的制度。

《民法典》第二十七条规定："父母是未成年子女的监护人。"据此，幼儿的父母是其当然的监护人，监护人资格从幼儿出生之时起当然取得，不必经任何程序。

如果幼儿的父母死亡或者失去监护能力，则应按下列顺序确定其中有监护能力的人担任监护人：① 祖父母、外祖父母；② 兄、姐；③ 关系密切的其他亲属、朋友愿意承担监护责任，经幼儿父、母的所在单位或幼儿住所地的居民委员会、村民委员会同意的。

不存在上述规定的监护人的，由幼儿的父母的所在单位或者幼儿住所地的居民委员会、村民委员会或者民政部门担任监护人。

担任幼儿的监护人，其监护的职责主要有以下五项：① 保护幼儿的人身、财产及其他合法权益；② 管理幼儿的财产；③ 代理幼儿参加各类民事活动；④ 教育和照顾幼儿；⑤ 在幼儿的权利受到侵害或发生争议时，代理其进行诉讼。

根据上述法律的规定来看，把幼儿园确定为幼儿的监护人并承担相应的监护责任，是没有法律依据的。监护责任是基于亲权产生的一种法定的职责；而幼儿园对幼儿的教育职责是基于教养机构的设置产生的一种工作职责。

不少人认为，父母作为监护人，把自己的孩子放进幼儿园，那么幼儿在幼儿园的时间内，幼儿园就是暂时或临时的监护人，在这段时间内幼儿园应尽到监护人的全部职责。这种观点同样是无法律依据的。《未成年人保护法》第二十二条规定:"未成年人的父母或者其他监护人因外出务工等原因在一定期限内不能完全履行监护职责的,应当委托具有照护能力的完全民事行为能力人代为照护;无正当理由的,不得委托他人代为照护。"第二十三条规定:"未成年人的父母或者其他监护人应当及时将委托照护情况书面告知未成年人所在学校、幼儿园和实际居住地的居民委员会、村民委员会,加强和未成年人所在学校、幼儿园的沟通。"由此可见,幼儿园不能成为暂时或临时的监护人,因为幼儿的父母并没有明确将监护职责委托给幼儿园,事实上幼儿园也不可能接受这种委托。

第二种观点认为,幼儿与幼儿园之间是准行政法律关系。准行政法律关系,并不是一个很规范、很确切的法律概念,其内涵和外延均十分模糊。部分学者提出这一观点是基于幼儿园和幼儿之间的关系在某些地方与行政法律关系吻合或相似。但我们认为,幼儿园与幼儿的关系毕竟与行政法律关系不同,幼儿园不是行政机关,不能成为行政法律关系的主体。幼儿园的主管机构或上级机构是教育局,属于行政机关,用准行政法律关系来表示幼儿园与幼儿的关系,这种表达也有些牵强附会。

行政法律关系是指行政法律规范所确认和调整的,具有行政法上权利和义务内容的社会关系。国家行政机关在行使行政职权的过程中,必然要对内外发生各种关系,这些关系涉及范围广泛、内容复杂,但通称为行政关系。这些行政关系凡经行政法律规范确认和调整,具有行政法上的权利义务内容的,就形成了行政法律关系,它是行政法律规范确认和调整一定范围行政关系的结果。

通过上述的分析可以推断,用准行政法律关系来确定幼儿与幼儿园的法律关系是不确切的;同时,用这种关系也难以解决幼儿与幼儿园之间诸多的实际纠纷。这种观点在理论上站不住脚,在实践中也难以把握。

第三种观点可以找到法律依据。这种观点把幼儿园与幼儿的关系归纳为教育、管理和保护关系。笔者也赞同第三种观点。

《幼儿园管理条例》第三条规定:"幼儿园的保育和教育工作应当促进幼儿在体、智、德、美诸方面和谐发展。"第十三条规定:"幼儿园应当贯彻保育与教育相结合的原则。"第十九条规定:"幼儿园应当建立安全防护制度,严禁在幼儿园内设置威胁幼儿安全的危险建筑物和设施,严禁使用有毒、有害物质制作教具、玩具。"《幼儿园工作规程》第三十八条规定:保育员在教师指导下,科学照料和管理幼儿生活,并配合本班教师组织教育活动。《未成年人保护法》第二十五条规定:"学校应当全面贯彻国家教育方针,坚持立德树人,实施素质教育。"第三十五条规定:"学校、幼儿园不得在危及未成年人人身安全、身心健康的校舍和其他设施、场所中进行教育教学活动。学校、幼儿园安排未成年人参加文化娱乐、社会实践等集体活动,应当保护未成年人的身心健康,防止发生人身伤害事故。"以上法律法规足以说明幼儿园对幼儿的关系为教育、管理和保护关系。

既然幼儿园对幼儿是一种教育、管理和保护关系，而不是监护关系，那么幼儿在幼儿园发生伤害事故，应如何进行赔偿呢？《民法典》第一千一百九十九条规定："无民事行为能力人在幼儿园、学校或者其他教育机构学习、生活期间受到人身损害的，幼儿园、学校或者其他教育机构应当承担侵权责任；但是，能够证明尽到教育、管理职责的，不承担侵权责任。"这一条款明确指出，幼儿园事故的责任划分，是以幼儿园是否尽到了应有的职责为界线。在司法实践中，法院也是以此为依据来作裁决的。

第四节 ★ 幼儿园伤害事故的民事责任

在幼儿园进行的各式各样的教学活动中，由于各种原因而导致幼儿的身体受到伤害之事经常发生。由此引发的法律诉讼牵制了幼儿园很大的精力，影响了幼儿园正常的教学秩序。

本节根据《民法典》《中华人民共和国民事诉讼法》及相关的法律、法规，初步探讨幼儿园教学活动中，幼儿身体受到伤害所导致的民事责任。

一、民事责任的定义及其特征

民事责任是民事法律责任的简称，指的是民事主体违反义务所应承担的民事法律后果。作为法律责任的一种，民事责任具有法律责任的共性，但同时也具有自身的特征。

(1) 民事责任是以违反民事义务所应承担的法律后果，故以民事义务的存在为前提，无义务即无责任，义务人违反义务时才应承担责任。

(2) 民事责任不仅表现为财产责任，也包括某些非财产责任形式，如消除影响、恢复名誉、赔礼道歉等。

(3) 民事责任的范围与损失的范围相一致，一般也不超出损失的范围，只是使受害人恢复到原来的财产或精神状况。

二、民事责任的种类

(一) 违约责任

违约责任又称违反合同的民事责任。学生到学校上学，通常是没有专门的合同约定的，学校的义务是以相关的法律法规规定的。因此，此类责任引发的诉讼通常不会发生。

(二) 侵权责任

侵权责任全称为侵权的民事责任，指行为人不法侵害他人的人身权、财产权时依法所应承担的民事责任。

(三)不履行法定义务的民事责任

指当事人不履行法律规定的义务而承担的民事责任。例如,教师原本应该承担保护学生的职责,但没有履行相应的义务,导致学生身体受伤而承担民事责任。

三、幼儿园伤害事故的法律特征

学生在校期间的活动中,造成身体伤害的原因很多,民事侵权主体应该是学校或教师。侵权的对象是学生的人身权。这里人身权主要指生命权、健康权、身体权。它是一种绝对权。

侵权行为所侵害的是学生的合法权益,是一种民事违法行为,它违背了法律强制性规定或禁止性规定。有时侵权行为虽在表面上有阻却违法事由,但因超越了法律允许的范围,仍不得免除责任。

四、伤害事故的归责原则

根据我国《民法典》的立法思想,民事责任的归责原则是确定行为人民事责任的标准和规则,它直接决定着侵权责任的构成要件、举证责任、责任方式以及赔偿范围等诸多因素,是确定侵权责任的根据之一。我国的归责原则体系是由过错责任原则、无过错责任原则、公平责任原则所构成。

(一)过错责任原则

过错责任原则,是以行为人的过错造成学生身体伤害为承担民事责任要件的归责原则。在过错责任中,以过错为责任的构成要件和最终要件,并以过错作为确定责任范围的依据。无过错即无责任。

例如,在体育活动课上,一位教师安排幼儿进行大型玩具的活动。但是在活动之前,教师没有认真检查玩具的情况,第二根横杆的螺丝已松动,第一组学生活动时还没有出现异样,但第二组的第一个幼儿练习时,刚爬上去,横杆就掉了下来,幼儿摔下来,磕掉两颗门牙,鼻骨骨折。本案中,造成伤害事故的直接原因是教师选用了损坏了的玩具,这一行为是有过错的。因此学校应负过错责任,赔偿学生的所有医疗费、营养费、交通费等。

(二)无过错责任原则

无过错责任原则,又指无过失责任原则,指的是在法律规定的情况下,不以过错的存在判断行为人应否承担民事责任的归责原则。我国《民法典》第一千一百六十六条规定:"行为人造成他人民事权益损害,不论行为人有无过错,法律规定应当承担侵权责任的,依照其规定。"

（三）公平责任原则

公平责任原则是指在法律没有规定适用无过错责任原则,而适用过错责任又显失公平时,由当事人公平合理地分担损失的归责原则。我国《民法典》第一千一百八十六条规定:"受害人和行为人对损害的发生都没有过错的,依照法律的规定由双方分担损失。"

五、伤害事故的责任承担形式

伤害事故的责任承担形式,是由民法规定的承担民事责任的具体形式。它体现了国家对违法行为人采取的制裁及对受伤害者的权利补救,是法院保护民事权利的具体方法和制裁违法行为的具体措施。

根据《民法典》第一百七十九条的规定,民事责任承担的形式主要有十种:① 停止侵害;② 排除妨碍;③ 消除危险;④ 返还财产;⑤ 恢复原状;⑥ 修理、重作、更换;⑦ 赔偿损失;⑧ 支付违约金;⑨ 消除影响、恢复名誉;⑩ 赔礼道歉。在学校伤害事故中,承担民事责任的形式主要是赔偿损失。有些事故中,可能还须合并适用其他一两种责任形式。

案　例

保育员斗胆绑架幼儿

【案情】

王芳来到江南某镇,化名曾洁到月光职业介绍所登记找幼儿教学工作。经推荐去红月亮幼儿园面试,由于这是一所私立的寄宿制幼儿园,报名的人数并不多,王芳顺利通过面试成为该幼儿园的一名保育员。上班一周后的一个下午,王芳正在叠被子,一个小班的女孩找到她要上厕所。王芳见四下无人,幼儿园的后门大开,就说"阿姨带你出去玩",将女孩子哄骗出幼儿园,带到其在另一镇上的暂住地。当天傍晚,王芳就用公用电话对幼儿园园长进行敲诈,称其为黑帮成员,因老大坐牢急需五万元救人,恐吓幼儿园必须在3日内将钱如数打入指定的账号,若报警或超期,后果自负。

园长接到电话时,正在四处寻找走失的小班孩子,家长也已经知情,园长当机立断就报警。由于报警及时,出警迅速,警方通过道路监控,第二天清晨就抓到了犯罪嫌疑人王芳,孩子也毫发无损地回到了家长身边。

【分析】

这是一起罕见的保育员绑架幼儿事件,是一件恶性事故,也是非常愚蠢的行为。

本案中,幼儿是没有受到太大的伤害和惊吓,但家长惊恐万分。由于园方态度诚恳,事后工作积极主动,孩子也没有任何伤害,所以家长没有追究幼儿园的责任。

王芳的行为涉嫌绑架罪,我国《刑法》第二百三十九条规定绑架罪:"以勒索财物为目的绑架他人的,或者绑架他人作为人质的,处十年以上有期徒刑或者无期徒刑,并处罚金或者没收财产;情节较轻的,处五年以上十年以下有期徒刑,并处罚金。"本案中,王芳作为一个成年人,神志清楚,将小孩哄骗到自己的住所作为人质,通过电话来勒索钱财,完全符合上述绑架罪的要件,等待她的是刑法的制裁。

【建议】

1. 幼儿园无论招聘教师还是保育员,都应该手续规范,材料审查全面,核对身份证及学历证书,避免有人冒名顶替,或用假材料。

2. 幼儿园管理制度要齐全,并且要落实到位,绝不可以让教职员工在没有任何手续的情况下,私自带小孩子离园。

3. 一旦发生此类事件,要迅速告知家长,并及时报警,千万不要隐瞒事件,避免耽误了时机。

思 考 题

1. 简述幼儿园伤害事故的民事责任。

2. 幼儿园是幼儿的监护人吗?为什么?

第五章　幼儿园的法律地位

幼儿园的法律地位
- 幼儿园法律地位概述
  - 幼儿园法律地位的含义
  - 幼儿园法律地位的特点
  - 幼儿园与教育行政机关的法律关系
- 幼儿园的设置
  - 举办幼儿园的基本条件
  - 幼儿园设置的程序
  - 举办幼儿园的主体资格
- 幼儿园的权利和义务
  - 幼儿园的权利
  - 幼儿园的义务
- 幼儿园的管理体制
  - 幼儿园内部管理体制的法律依据
  - 幼儿园园长的地位、职责和岗位要求
  - 幼儿园教职工参与民主管理

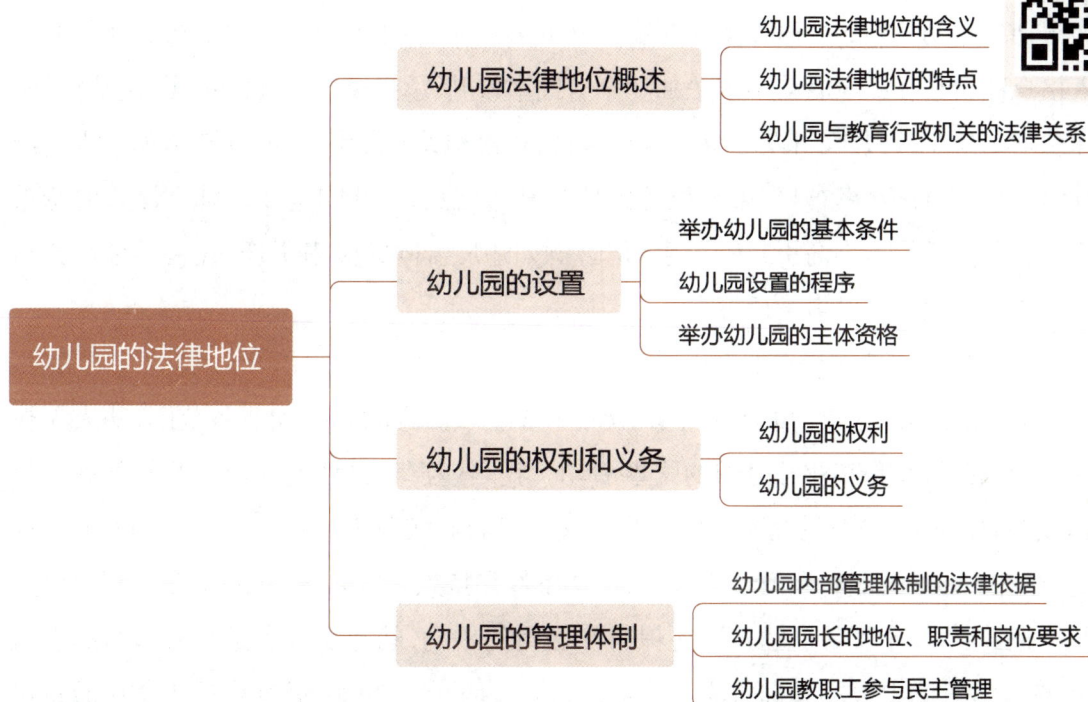

　　随着幼儿教育事业迅速发展,办园体制、管理体制不断变化,幼儿园管理中所涉及的社会关系日益复杂,更加需要依靠法律来解决诸多疑难问题。为此,需要进一步明确幼儿园在法律关系中所处的地位,对幼儿园设置的条件、程序,幼儿园的权利与义务,特别是幼儿园管理体制进行规范,运用法律规范保育教育活动并协调处理各教育关系主体间的纠纷。

第一节　★　幼儿园法律地位概述

一、幼儿园法律地位的含义

　　从法律上讲,幼儿园是具有法人资格的组织保育、教育活动的经营实体。我们所强调的幼儿园的法律地位可以理解为幼儿园在法律上的人格或者称为权利能力,即幼儿园作为从事学制系统内保育、教育活动的社会组织和机构,在法律上享受权利与承担义务的资格与程度。法律规定,学校及其他教育机构在开展活动时,根据条件和性质的不同,可以具有多种主体资格,如行政法律关系主体资格、民事法律关系主体资格、诉讼法律关系主体资格等,此处主要探讨幼儿园的行政法律关系主体资格和民事法律关系主体资格。当幼儿园参与行政法律关系,它就是行政法律关系主体;当它参与民事法律关系,它就是民事法律关系的主体。对此,可以从以下三个方面加以理解。

1. 幼儿园法律地位的实质是其法律人格

"人格"一词很早就被引入法学领域而成为一个法律术语。社会组织体"人格化",即称为"法人"。法律依据幼儿园的性质和条件而赋予幼儿园一种与自然人相似的人格。幼儿园具有法律人格意味着它在民事活动中依法独立享有民事权利,承担民事责任。依照《民法典》及有关法律法规的规定,幼儿园可以广泛参与与保育、教育相关的民事活动,享有诸如法人财产权、知识产权以及名称权、名誉权、荣誉权等民事权利。当然,幼儿园也要以独立法人的身份依法承担一切因自己的行为而引起的民事责任,例如违反合同的民事责任、侵害其他社会组织和公民个人合法权益的民事责任等。

2. 幼儿园法律地位具有特定性

在民法中,社会组织的权利能力的范围取决于成立该法人的宗旨和业务范围,法人无权进行违背它的宗旨和超越其业务范围的民事活动。我国《教育法》规定的学校及其他教育机构的具体权利,体现了学校、幼儿园培养社会主义建设者和接班人的育人宗旨。幼儿园法律地位具有特定性,即幼儿园有专门性的任务、设置条件和特点。例如《幼儿园工作规程》规定:"幼儿园是对三周岁以上学龄前幼儿实施保育和教育的机构,幼儿园教育是基础教育的有机组成部分,是学校教育制度的基础阶段。"其中,保教结合的教育思想,必须渗透于实施教育目标中,贯穿于全部管理过程中,这充分体现了幼儿园法律地位的特定性。

3. 幼儿园法律地位体现了法定性

幼儿园是具有法人资格的从事学制系统内保育、教育活动的社会组织,其法律地位在形式上是由法律赋予的。那么,幼儿园成为法人的条件是什么,以及如何取得法人资格呢?根据《教育法》第三十二条的规定:"学校及其他教育机构具备法人条件的,自批准设立或者登记注册之日起取得法人资格。"主管部门在批准设立幼儿园或对其进行登记注册时,应同时审核其是否具备法人条件,如具备,则应在批准或注册文件上载明具有法人资格。作为民事法律关系的主体,幼儿园符合《民法典》规定的法人条件,即具有法人资格。《民法通则》规定的法人的一般条件,包括以下四个方面:① 依法成立;② 有必要的财产或者经费;③ 有自己的名称、组织机构或者场所;④ 能够独立承担民事责任。幼儿园同时具备了这四个条件,就能取得法人资格。

需要强调的是,幼儿园的法人地位与法律地位是两个不同的概念,幼儿园的法律地位既包括幼儿园在民事关系中的法人地位,也包括它在行政关系中的法律地位。由于幼儿园具有多种主体资格,因此仅仅确立民事法律关系上的法人地位,并不足以解决当前办园体制中的一切问题。事实上,政府与幼儿园关系中的幼儿园法律地位问题,是当前体制改革中亟待解决的问题。要摆脱政府对幼儿园过多的行政干预,要使幼儿园成为独立的办学主体,享有真正的办学自主权,首先应当理顺政府与幼儿园之间的关系。必须根据法律明确确定幼儿园在行政关系中的地位,否则,幼儿园不可能获得自主的办学权,更不可能确立法人地位。

二、幼儿园法律地位的特点

幼儿园法律地位的特点体现在三个方面。

1. 公共性

在许多国家,都有"公法人"的概念。如德国规定,学校(幼儿园)是公共机构,同时也是国家机构。日本《教育基本法》规定:"法律所承认的学校(幼儿园)具有公共性质。"我国虽然没有"公法人"的概念,但仍然强调学校、幼儿园是为公共利益而存在的主体。表现在以下方面。

(1) 幼儿园法律地位是依据有行政法性质的《教育法》确立的,有特殊的注册登记程序,必须经国家教育行政部门审批决定。

(2) 教育机构设立的目的是提高全民族素质,培养人才,促进物质文明和精神文明建设。因此,国家有权根据本国国情建立相应的教育制度,并为提高国民素质而采取必要的教育措施。作为基础教育的"基础",各类公办、民办幼儿园都要接受国家和社会依法进行的管理和监督,体现国家的利益。国家和政府也要为各类主体开办的幼儿园提供必要的财政来源及其他支持。

(3) 教育机构行使的教育权实质上属于国家教育权的一部分。我国《教育法》第十七条至第二十一条明确规定,学校、幼儿园等教育机构享有教育教学权、招生权、对学生进行学籍管理、实施奖励或处分权、对学生颁发相应的学业证书权等。对幼儿园来说,这种教育教学实施权,既是国家授予的权利,又是国家交予的任务,只能正确行使,而不能放弃。

2. 公益性

根据我国《民法典》的规定,我国民法上的法人,依法人设立的目的和活动内容的不同可以分为企业法人和事业法人。企业法人是进行生产、经营活动,以扩大社会积累、创造物质财富为目的的各类经济组织,包括全民所有制和集体所有制企业法人以及联营法人。事业法人是指从事经济活动以外,从事社会公益事业、满足群众文化、教育、卫生等需要为目的的各类社会组织,包括科学、文化、教育、卫生、艺术、体育等事业单位法人。自世界上第一所托幼机构诞生的那一天起,学前教育的公益性就毋庸置疑。将幼儿园规定为公益性机构,强调它的公益性、普惠性,已经成为世界各国的惯例。我国《教育法》特别规定:"任何组织和个人不得以营利为目的举办学校及其他教育机构。"同时在许多方面规定了对学校、幼儿园的优惠政策,如勤工俭学、教育用地、教学仪器设备的生产和供应、图书资料的进口等,体现了幼儿园公益性的法律地位。

3. 多重性

我国幼儿园在活动时,根据条件和性质的不同,可以有多重主体资格。当它参与教育行政法律关系,取得行政法上的权利和承担行政法上的义务时,它就是教育行政法律关系的主体;当它参与教育民事法律关系,取得民事权利和承担民事义务时,它就是教育民事法律关系的主体。所谓教育行政法律关系,是指学校、幼儿园在实施教育活动中,与国家行政机关发生的关系,或是当学校、幼儿园享有法律法规授权某些行政管理职权,取得行政主体资格时,与教师、学生发生的关系。所谓教育民事法律关系,是指学校、幼儿园与不具有行政隶属关系的行政机关(此时行政机关是机关法人身份)、企事业组织、集体经济组织、社会团体、个人之间发生的社会关系。这类关系涉及面颇广,如涉及学校、幼儿园财产、土地、学校环境乃至创收中的权利。教育行政法律关系和教育民事法律关系是两类不同的法律关系。学校、幼儿园在这两类不同的法律关系中的法律地位是不一样的。在教育行政法律关系中,学校、幼儿园是作为行政管理相对人出现的。当然,这并不排除学校、幼儿园作为办学实体享有自己的权利和义务。在教育民事法律关系中,学校、幼儿园与其他主体处于平等地位。

除了这两种主要法律关系外,幼儿园还与国家发生涉及国家对学校的财政拨款、国家对幼儿园兴办产业给以税收优惠等经济法律关系,成为经济法律关系主体,具有经济法上的权利。

三、幼儿园与教育行政机关的法律关系

(一)幼儿园与教育行政机关的法律关系概述

幼儿园与政府及教育行政机关的法律关系是一种行政法律关系。从学前教育的公益性考虑,幼儿园是为社会公共利益服务,是国家行政的一部分,因此,政府及教育主管部门与幼儿园是领导与被领导、管理与被管理的行政关系。这也是对幼儿园与教育行政机关的法律关系的基本认识。

(二)幼儿园与教育行政机关的法律关系的特征

1. 幼儿园对教育行政机关的隶属性

幼儿园与教育行政机关或政府之间存在着行政上的管辖关系,两者之间的行政法律关系不同于民事法律关系,双方的法律地位一定是不平等的。行政法律关系中至少一方主体是国家行政机关或者其授权单位,这是行政法律关系最本质的特征,其他法律关系都不存在限定当事人的问题。例如,在幼儿园的注册登记管理关系中,没有教育行政机关作为行政管理的

主体,申请登记的幼儿园就不可能发生行政法律关系。幼儿园与教育行政机关的权利与义务是不对等的,这是由于主体双方处于不同的法律地位所决定的。

2. 行政法律关系产生的特定性

行政法律关系在教育行政机关行使行政职权过程中才能发生。在有些法律关系中,即使行政机关是其中一方当事人,但它并非行使行政职权,而是参与一般的民事活动,如与幼儿园签订师资培训合同,这种法律关系不是行政法律关系,而是属于民事法律关系。

3. 行政法律关系双方权利与义务的法定性

行政法律关系中的幼儿园与教育行政机关或政府的权利义务都是教育法律法规预先规定的,双方当事人没有自由选择的余地。例如,在幼儿园设置的有关规定中,幼儿园的园舍、设备、师资、卫生保健等方面都是事先规定好的,幼儿园没有变动的权利,更不能讨价还价或协商变动。在民事法律关系中则不存在这种双方权利义务的法定性,民事主体可自行协商双方的权利和义务。

4. 行政法律关系中权利的可救济性

幼儿园与教育行政机关在发生纠纷时,可以由教育行政机关按照行政程序予以解决。当幼儿园对行政裁决不服时,可以根据法律规定向人民法院提起行政诉讼,也可以不经过教育行政机关依法向人民法院起诉。

本质上讲,政府及教育行政机关与幼儿园的关系是围绕着发展学前教育事业这个大前提而进行的。因此,这中间既有管理与被管理的关系,双方又有相互制约的关系。幼儿园可以通过申诉、行政复议或诉讼的渠道对政府实行监督,政府对幼儿园进行法律监督和业务监督,鼓励、支持幼儿园自主管理内部事务,处理好尊重幼儿园的办学自主权和加强引导与管理之间的关系。

第二节 ★ 幼儿园的设置

一、举办幼儿园的基本条件

根据《教育法》《幼儿园管理条例》和《社会力量办学条例》等相关法律规范,在我国境内设立学校及其他教育机构,必须具备下列基本条件:有组织机构和章程;有合格的教师;有符合规定标准的教学场所及设施、设备等;有必备的办学资金和稳定的经费来源。

1. 必须有组织机构和章程

健全的组织机构和管理人员的合理配置,是幼儿园工作得以运行的保证。幼儿园的组织机构一般包括园长、保教室、办公室、财务室、教职工代表大会等。幼儿园的章程,是指为促进机构正常运行,就办园宗旨、内部管理体制及财务互动等重大的、基本的问题,作出全面规范

而形成的自律性的基本文件。它是幼儿园自主管理的基本依据。章程应包括以下内容：幼儿园名称、开办宗旨和办学模式、保教工作的主要任务、内部机构设置和管理机制、园务委员会组成和职责、幼儿园园长的职责以及产生、幼儿教师及其他工作人员的权利和义务、财务管理制度、人事管理制度、章程变更程序、其他需要说明的事项等。幼儿园的章程内容必须符合《幼儿园管理条例》的规定，办园章程自幼儿园被批准开办之日起生效。

章程是现代幼儿园运行机制的基石。它对于落实幼儿园的法律地位和办学自主权，实现依法治园，对于建立自我发展、自我约束的良性运行机制，具有重大意义。章程是幼儿园内部运行的"小宪法"。《教育法》规定设立幼儿园必须具备章程，幼儿园章程具有法律上的效力。章程已经成为拟设立幼儿园报批的重要文件之一，幼儿园要做到"一园一章程"。

2. 必须有合格的园长、教师、保育、医务人员

幼儿园要有合格的园长。在园长负责制中，园长是幼儿园的行政负责人，是幼儿园的法人代表。《幼儿园管理条例》第九条规定：幼儿园的园长应当具有幼儿师范学校(包括职业学校幼儿教育专业)毕业程度，或者经教育行政部门考核合格。《幼儿园工作规程》第四十条进一步规定：幼儿园的园长应具有幼儿教师资格证、具有大专以上学历、有三年以上幼儿园工作经历和一定的组织管理能力，并获得幼儿园园长岗位培训合格证书。

幼儿园要有合格的教师。教师是幼儿园组织中最重要的成员，是幼儿园实施教育教学活动的"人力"保障。幼儿园教师配备应符合以下条件：教师取得幼儿园教师资格证；教师有健康证和卫生证；教师数量足够，即一个班要配备两位教师和一位保育员；教师队伍的学科结构、年龄结构、学历结构、职称结构等要合理。

此外，幼儿园还要有合格的保育员、医务人员、事务人员、后勤炊事人员等其他工作人员。保育员主要负责幼儿的卫生保健、社会管理。《幼儿园工作规程》第四十二条规定：幼儿园的保育员应具备高中毕业以上学历，并受过幼儿园保育职业培训，并能履行幼儿保育员的职责。规模较大的幼儿园和寄宿制幼儿园的医务人员，一般要求是医师、医士和护士，规模较小的幼儿园的医务人员通常是保健员。幼儿园医师应按照国家规定取得医师资格；医士和护士应具备中等卫生学校毕业学历，或取得卫生行政部门的认可资格。保健员应当具备高中毕业学历，并受过幼儿保健职业培训。幼儿园的事务人员一般包括会计、出纳、采购员、炊事员和门卫等。慢性传染病、精神病患者不得在幼儿园工作。

3. 必须有符合规定标准的保育教育场所及设施、设备

《幼儿园管理条例》第八条规定："举办幼儿园必须具有与保育、教育的要求相适应的园舍和设施。幼儿园的园舍和设施必须符合国家的卫生标准和安全标准。"对此，《幼儿园工作规程》也作出了规定。具体包括以下方面。

(1) 园舍方面的要求。

《幼儿园工作规程》第三十四条规定：幼儿园应设活动室、寝室、卫生间、保健室、综合活

动室、厨房和办公用房,并达到相应的建设标准。有条件的幼儿园应当优先扩大幼儿游戏和活动空间。寄宿制幼儿园应当增设隔离室、浴室和教职工值班室等。

《幼儿园工作规程》第三十五条规定:幼儿园应有与其规模相适应的户外活动场地,配备必要的游戏和体育活动设施,并创造条件开辟沙地、水池、种植园地等,并根据幼儿活动的需要绿化、美化园地。

《幼儿园工作规程》第三十七条规定:幼儿园的建筑规划面积、建筑设计和功能要求,以及设施设备、玩教具配备,按照国家和地方的相关规定执行。

原国家教委、城乡建设环境保护部联合颁发的《托儿所、幼儿园建筑设计规范》对幼儿园基地和总平面、城乡建筑设计、建筑设备等方面的问题作出了详尽的规定。例如,在建筑设计上,它规定:① 幼儿园的生活用房包括活动室、寝室、乳儿室、配乳室、喂奶室、卫生间(包括厕所、盥洗、洗浴)、衣帽储藏间、音体活动室等。全日制托儿所、幼儿园的活动室与寝室宜合并设置。② 幼儿园的服务用房包括医务保健室、隔离室、晨检室、保育员值宿室、教职工办公室、会议室、值班室(包括收发室)及教职工厕所、浴室等。全日制托儿所、幼儿园不设保育员值宿室。③ 幼儿园的供应用房包括幼儿厨房、消毒室、烧水间、洗衣房及库房等。严禁将幼儿生活用房设在地下室或半地下室。必须设置各班专用的室外游戏场地。每班的游戏场地面积不应小于 60 平方米,各游戏场地之间宜采取分隔措施。此外,还规定了托儿所的乳儿班及托儿小、中班人数为 15～20 人;幼儿园的小班人数为 20～25 人,中班为 26～30 人,大班为 31～35 人。

(2) 园址环境方面的要求。

幼儿园的园址环境对幼儿的健康成长影响很大,所以在幼儿园的设置条件方面,《幼儿园管理条例》第七条规定:"举办幼儿园必须将幼儿园设置在安全区域内。严禁在污染区和危险区内设置幼儿园。"

所谓安全区,一般是指不会出危险、不会出事故、不会使幼儿身心受到威胁的区域。所谓污染区,一般是指有粉尘污染、大气污染、水质污染、噪声污染的区域。所谓危险区,一般是指危及人们健康和生命的区域。

此外,《托儿所、幼儿园建筑设计规范》也规定,托儿所、幼儿园的基地选择应满足下列要求:"第一,远离各种污染源,并满足有关卫生防护标准的要求。第二,方便家长接送,避免交通干扰。第三,日照充足,场地干燥,排水通畅,环境优美或接近城市绿化带。第四,能为建筑功能分区、出入口、室外游戏场地的布置提供必要条件。"

(3) 设施、设备方面的要求。

考虑到幼儿的特点,相关法律法规对幼儿园生活用具、玩教具等也作了具体规定。《幼儿园工作规程》第三十六条规定:幼儿园应配备适合幼儿特点的桌椅、玩具架、盥洗卫生用具,以及必要的玩教具、玩具、图书、乐器等。教具应有教育意义并符合安全、卫生的要求。幼儿

园应因地制宜,就地取材,自制玩教具。为此,原国家教委专门颁发了《幼儿园玩教具配备目录》,以作为各地配备、选购玩教具时参考。

《民办教育促进法》也规定：民办学校的设置标准参照同级同类公办学校的设置标准执行。

4. 必须有必备的办园资金和稳定的经费来源

必备的办园资金和稳定的经费来源是幼儿园进行正常保育教育活动的保证,也是其作为权利主体,进行各种法律活动,独立享受权利和承担义务的物质基础。

《幼儿园管理条例》第十二条规定："举办幼儿园的单位或者个人必须具有保育、教育以及维修或扩建、改建幼儿园的园舍与设施的经费来源。"《幼儿园工作规程》第四十六条规定："幼儿园的经费由举办者依法筹措,保障有必备的办园资金和稳定经费来源。"为此,诸如通过贷款、借款筹集资金开办幼儿园,并以幼儿园向学生收取学费来偿还贷款、借款的办法,都不符合教育法律法规的要求。

概括起来,幼儿园的经费主要来源有三个。

第一,举办者的投入。依据幼儿园举办者的情况,大体有两类：公办幼儿园的经费以财政拨款为主；企事业组织、社会团体、其他社会组织和个人依法举办的幼儿园的办园经费由举办者负责筹措。

第二,家长交纳的保育、教育费。幼儿园教育属非义务教育阶段,可依法收取保育、教育费。当然,其收费应依法按省、自治区、直辖市或地(市)级教育行政部门会同有关部门(主要指物价、财政等部门)制定的收费项目、标准和办法执行。幼儿园的收费应坚持法定的收费项目和收费标准,杜绝乱收费；还应对各幼儿园进行评估、定级、分类,按类收费,优质优价；幼儿园不得以幼儿作为牟利手段。

第三,社会捐助。幼儿园接受社会捐助要贯彻自愿、量力、群众受益的原则,捐赠方式、内容必须符合我国法律、法规、政策,不得违反我国的教育方针。

简而言之,幼儿园的举办者必须具备章程、人、财、物四个实体要件。法律规定了这四个实体要件,有利于促进拟举办的幼儿园健全内部管理,保证办学条件,提高教育质量,防止乱设幼儿园,防止以营利为目的的办园；也有利于教育主管部门对幼儿园进行宏观调控,保证本地区幼儿园的合理布局和教育资源的充分有效利用。

二、幼儿园设置的程序

具备了设立幼儿园的基本条件后,拟设立的幼儿园还要经过法定的程序才能成立并继而获得合法地位。《教育法》第二十八条明确规定："学校及其他教育机构的设立、变更和终止,应当按照国家有关规定办理审核、批准、注册或者备案手续。"我国现行对学校及其他教育机构设立、变更和终止的管理,根据机构性质不同,分别实行审批制度(适用于各级各类正规学校、独立设置的职业培训机构)和登记注册制度(主要适用于幼儿园)。《幼儿园管理条例》第十一条规定:"国家实行幼儿园登记注册制度,未经登记注册,任何单位和个人不得举办幼儿园。"可见,幼儿园实行的是登记注册制度。

1. 什么是登记注册制度

所谓登记注册制度,是指主管部门对申请者提交的申请设立教育机构的报告应当进行审核,如未发现有违背法律法规规定的情形,只要拟办的教育机构符合设置标准,都必须予以登记注册,使其取得合法地位,对不符合设置标准的,予以拒绝,并以书面形式通知申请者。

登记注册制度的实质是确认申请者举办教育机构的法律地位或事实。

2. 登记注册的程序

登记注册的一般程序如下。

(1) 举办者提出办园申请,并附相应文件。其中,社会力量所举办的幼儿园,应按照《民办教育促进法》第十二、十四、十五条的规定提交相关材料。

(2) 教育行政机关对办园申请进行审核。

(3) 教育行政机关审核后对办园申请作出答复。对符合条件的予以登记注册,对不符合条件的不予以注册,并将原因通知申请者。审批机关的答复需在申请之日起三个月内以书面形式作出。

3. 幼儿园登记注册的机关

《幼儿园管理条例》第十二条规定:城市幼儿园的举办、停办,由所在区、不设区的市的人民政府教育行政部门登记注册。农村幼儿园的举办、停办,由所在乡、镇人民政府登记注册,并报县人民政府教育行政部门备案。

此外,当幼儿园变更或撤销时,应向原登记注册机关办理注销备案手续。

设立幼儿园实现登记注册制度的意义在于:① 设立幼儿园有了合法程序,其法律地位才能得以确认,各项合法权益才能得到法律的保护;② 有利于主管部门的管理和监督;③ 能够防止擅自设立幼儿园,有利于幼儿园的合理布局,避免低水平重复设置而导致教育资源的浪费。

三、举办幼儿园的主体资格

举办幼儿园的主体资格是指哪些组织和公民可以举办幼儿园。

《宪法》第十九条规定,"国家举办各级各类学校","鼓励集体经济组织、国家企事业组织和其他社会力量依照法律规定举办各种教育事业"。《教育法》第二十六条规定:"国家制定教育发展规划,并举办学校及其他教育机构。国家鼓励企业事业组织、社会团体、其他社会组织及公民个人依法举办学校及其他教育机构。"《民办教育促进法》第十九条规定:"举办民办学

校的社会组织,应当具有法人资格。举办民办学校的个人,应当具有政治权利和完全民事行为能力。民办学校应当具备法人条件。"

总而言之,具备举办幼儿园主体资格的国家、企事业组织、社会团体、其他社会组织及公民个人都可以依法举办幼儿园,但下列组织与个人不得举办幼儿园。

1. 不具有法人资格的社会组织

《民办教育促进法》第九条第一款规定:"举办民办学校的社会组织,应当具有法人资格。"社会组织要举办幼儿园,必须具备法人资格,这样才能以一个法律主体的资格参加到法律关系中去,或者说取得平等的、合法的法律地位,独立地享受权利,独立地承担民事责任。

幼儿园享有的民事权利十分广泛,包括财产权、债权、知识产权、名称权、名誉权、荣誉权等。幼儿园的内部组织机构,只是法人的一个组成部分而不是法人,它只享有名誉权和荣誉权;在财产方面只对举办者交由其管理的财产享有使用权、管理权。幼儿园的内部组织机构不能以自己的名义对外签订合同,不享有债权,也不能以自己的名义接受捐赠。它对外也不能独立承担民事责任。

幼儿园独立地承担民事责任的含义包括:① 法人的出资人除出资额外,不再为法人承担财产责任;② 法人的主管机关、从属机关,不承担法人的财产责任;③ 法人的工作人员不承担法人的财产责任。

不具有法人资格的社会组织是不具有民事权利能力和民事行为能力的,也就无法享有权利,承担义务。因此,不具有法人资格的社会组织不得举办幼儿园。

2. 以营利为目的的办学,被教育主管部门予以停办处罚者

以营利为目的的办学,被教育主管部门予以停办处罚的,就失去了举办幼儿园的主体资格,不得再举办幼儿园。

《教育法》第二十六条第四款规定:"以财政性经费、捐赠资产举办或者参与举办的学校及其他教育机构不得设立为营利性组织。"《民办教育促进法》第三条第一款规定:"民办教育事业属于公益性事业。"可见,不论是公办学校还是私立学校,都不得以营利为目的办学。而以营利为目的的办学,被教育主管部门予以停办处罚的,就失去了举办幼儿园的主体资格,不得再举办幼儿园。

所谓"不以营利为目的",也称为非营利性,是指学校及其他教育机构不得以营利为基本目的。举办学校及其他教育机构所要最终达到的目标不是谋取经济利益。

如何正确地理解和把握"不得以营利为目的"呢?第一,划分是否以营利为目的办学的界限,不在于用于办学的开支后是否有盈余。"营利"是指谋求、追逐利润。在《教育法》等法律法规中,用"营利"而不用"盈利"或"赢利",是很恰当的表述方式。幼儿园被允许在进行成本核算后,有盈余,但不允许办学者去"追逐利润"。第二,划分是否以营利为目的办学的界限,不在于是否实行收费。在社会主义市场经济条件下,我国允许包括幼儿园在内的非义务教育

阶段的各类教育机构实行适当的收费。简单地以是否收费作为划分营利与非营利的标准,是不符合教育改革和发展需要的。第三,划分是否以营利为目的办学的界限,不在于是否高收费。高收费不等于以营利为目的。诚然,国家不赞成和鼓励高收费幼儿园,现实中某些高收费幼儿园也往往是与以营利为目的相联系的,高收费也为以营利为目的的办学提供可能,但高收费毕竟不能完全等同于以营利为办学目的。如果幼儿园把收取的高额学费全部用以维持较优越的教学、生活条件,这虽然脱离了我国的国情,不宜提倡,但不应该视其为以营利为目的的办学。

划分是否以营利为目的的办学的标准,关键在于幼儿园是否把筹措的资金、获取的收益以及用于幼儿园各项合理开支后的盈余全部用于幼儿园的建设和发展有关公益性的活动。凡目的在于举办者之间进行利润分配,或归举办者所支配并用于其他营利性的经营活动,而且获得的收益归举办者所有,则属于以营利为目的的办学或变相的以营利为目的的办学。

3. 限制民事行为能力或无民事行为能力者

民事行为能力是指公民以自己的行为行使民事权利和承担民事义务的能力。根据是否达到法定年龄和具备一定理智,公民可以划分为完全民事行为能力人、限制民事行为能力人、无民事行为能力人。限制民事行为能力和无民事行为能力人,包括精神病人、间歇性精神病人或未成年人,自己不能独立享受民事权利、承担民事义务,应由其监护人或法定代理人行使民事权利、承担民事义务。因此,限制民事行为能力或无民事行为能力者不能举办幼儿园。

4. 被剥夺政治权利的或被判处徒刑以上刑罚正在服刑者

根据《刑法》的规定,被剥夺政治权利的罪犯不能担任国家机关职务,不能担任企事业单位、人民团体领导职务;被判处徒刑以上刑罚正在服刑者,即使没判附加剥夺政治权利,实质上,在服刑期间也没有担任国家机关职务的权利,没有担任企事业单位、人民团体领导职务的权利。因此,他们不能举办幼儿园。

第三节 ★ 幼儿园的权利和义务

一、幼儿园的权利

幼儿园作为教育机构的一种,依法享有自己的相应权利和利益,即幼儿园在活动中能够作出或不作出一定行为的权利,且要求相对人相应地作出或不作出一定行为的许可与保障,这是教育法律法规中所确认、所设定、所保护的。

根据《教育法》和《幼儿园管理条例》等有关法律法规,幼儿园的权利包括以下八个方面。

1. 自主管理

幼儿园作为教育机构,与学校同样享有自主权,幼儿园可以按照自己的章程确定办园宗旨、管理体制及重大原则,有权制定具体的规章制度和发展计划,自主作出管理决策,并建立、完善自己的管理系统,组织实施管理活动,不必事无巨细地向主管部门或举办者请示。主管部门或举办者对幼儿园的符合其章程规定的管理行为无权干涉。作为教育法人,幼儿园本身就是一个组织机构,有权按其依法设立时所确定的章程管理自身内部的活动。

2. 组织实施保育教育

《幼儿园工作规程》规定:幼儿园实行保育与教育相结合的原则,对幼儿实施德、智、体、美全面发展的教育,促进其身心和谐发展。幼儿园有权根据自己的办园宗旨和任务,依据国家教育主管部门的有关规定,自行决定和实施自己的保育教育计划,决定具体的课程模式和教学方法,决定采用何种教材,决定一日活动安排,组织保教活动评比检查等。这项权利也被《教育法》所确认。确定这项权利,既可以保证幼儿园在全面贯彻教育方针,全面实施幼儿教育法规中享有设计、安排、开展保育、教育活动的自主权利,又可防止外来力量对幼儿园保教活动的冲击、对幼儿园正常保教秩序的冲击。

3. 招收新生

幼儿园可以根据自己的办园宗旨、培养目标、任务以及办学条件和能力,根据国家有关"幼儿园每年秋季招生,平时如有缺额,可随时补招"的规定,有权制定本机构具体的招生办法,发布招生广告,决定招生的具体数量和人员,确定招生范围和来源。招生是一种属于教育活动的特殊活动。招生权是教育机构的基本权利。当然,幼儿园在行使这一权利时,必须遵守国家规定,不要擅自突破国家有关招生、编班的规定,造成学生过多、影响幼儿园身心健康,影响管理工作。主管部门非法限制或取消幼儿园的自主招生权,实际上是侵权行为,也必须阻止和纠正。

4. 学籍管理

幼儿园根据有关规定,有权确定幼儿报名注册的管理办法,并建立幼儿名册。幼儿学籍档案包括幼儿花名册、幼儿登记表、幼儿身心健康发展状况记录等。此项权利是幼儿园实施教育互动的权利的一部分,是加强对受教育者的教育、管理职能,维护教学秩序、保证教育教学质量的需要。幼儿学籍档案的建立,便于幼儿园对各年龄班加强管理,也便于教师掌握幼儿全面的情况,实施因材施教。

5. 聘任并管理教师及其他职工

幼儿园根据法规、规章和主管部门的规定,从本园的办园条件、办学能力和实际编制情况出发,有权决定聘任、解聘有关教师和其他职工,可以制定本园的教师和其他职工聘任办法,签订和解除劳动合同,可以对教师及其他职工实施包括奖励、处分在内的具体管理活动。此项权利的运用,有利于调动教职工的积极性,提高办园质量和效益。

6. 对本单位设施和经费的管理和使用

幼儿园对其占有的场地、教室、园舍、保教设备等设施、办园经费以及其他有关财产,享有财产管理权和使用权。幼儿园行使此项权利,应遵守国家有关国有资产管理、教育经费投入及幼儿园财务活动的管理规定,符合国家和社会公共利益,有利于幼儿园发展和办园宗旨,有利于合理利用教育资源,不得妨碍保教和管理活动的正常进行。

7. 拒绝对保教活动的非法干涉

依据《教育法》的规定,幼儿园有权"拒绝任何组织和个人对教育教学活动的非法干扰",即幼儿园对来自行政机关(包括教育行政机关)、企业事业组织、社会团体、个人等任何方面的非法干涉行为,有权拒绝和抵制。而所谓"非法干涉",是指行为人违背法律、法规和有关规定,作出的不利于教育活动的行为,如强行占用幼儿活动用房和场地,随意抽调幼儿园职工另作他用,延误或停止幼儿园保教活动开展,借口因材施教到幼儿园乱办所谓"兴趣班"等以牟取经济利益等。当前,社会对幼儿园的乱摊派以及某些教育行政部门业务机构的随意检查、干预过多,干扰了幼儿园正常的保教秩序。对此,幼儿园应有权抵制并要求教育部门会同当地公安、司法、纪检、监察等部门,及时予以查处。

8. 法律法规规定的其他合法权利

除前述权利外,现行法律、法规以及地方性法规赋予教育机构一般法人的权利。同时,还包括将来制定的法律、法规确定的有关权利。作出此项规定,有利于将来制定有关教育法律、法规,进一步完善教育机构的办学自主权利。

二、幼儿园的义务

幼儿园的义务是幼儿园在保育教育活动中所必须履行的法定义务,即幼儿园在保育教育活动中必须作出一定作为,或不得作出一定行为的约束。

规定幼儿园的义务的意义在于:第一,这是保证幼儿园实现其办学宗旨,实施保育教育活动需要;第二,这也是保护受教育者——幼儿的需要。可以说,规定幼儿园的义务,其根本目的是保障受教育者受教育权利的实现。

幼儿园的义务包括以下方面。

(1) 遵守法律、法规。《教育法》第三十条第一项规定了幼儿园有遵守法律、法规的义务。幼儿园是育人的社会组织,遵守法律法规是幼儿园必须履行的最基本的义务。它有两层含义:一是指幼儿园在一般意义上的守法,如幼儿园必须遵守宪法、民法、刑法、经济法等;二是指幼儿园要遵守教育法律法规中对幼儿园所设定的义务,即幼儿园要遵守教育方面的法律法规。此外,幼儿园自己制定的合法的规章制度也有一定的法律约束力。

制定幼儿园的内部规章应遵循两个原则:一是必须符合法律、法规等,不得与之抵触;二是不能越权,不能超越本园的职权或授权的范围,把本该由法律、法规规定的事项规定在规章中。内部管理不当给当事人的合法权益造成损失的,幼儿园应承担相应责任。

(2) 贯彻国家教育方针,执行国家保育教育标准,保证保育教育质量。如"小学化""贵族

化"等不良教育倾向不仅仅是幼儿园的教育思想和教育方法有问题,更是一种违法行为。

(3)维护幼儿园、教师和其他职工的合法权利。此项义务有两项含义:第一,幼儿园自身不得侵犯幼儿、教师及其他职工的合法权益,如不得克扣、拖欠教师工资,不得在与教职工签订合同时收取保证金、押金等;第二,当幼儿园以外的其他社会组织和个人侵犯了本园师生的合法权益时,幼儿园应当以合法方式,积极协助有关部门维护本园师生的合法权益。

(4)以适当方式为幼儿监护人了解幼儿的发展状况及其他有关情况提供便利,即以设立家长接待日、家长会、家园联系本、家长园地、家访等形式保障幼儿及其监护人的知情权。

(5)遵守国家有关规定收取费用并公开收费项目。这项义务的实质是:幼儿园应当按照省、自治区、直辖市或市级教育行政部门会同有关物价等有关部门制定收费项目和标准,从公益性出发,按照成本分担的原则,公平、合理地确定本园的收费标准和项目。

(6)依法接受监督。《教育法》第三十条第六项规定了幼儿园有依法接受监督的义务。此项义务的含义是指幼儿园对来自权力机关、行政机关等方方面面依法进行的检查、监督,应当积极予以配合,不得拒绝,更不得妨碍检查、监督工作的正常进行。

值得注意的是,《民办教育促进法》第五条规定:"民办学校与公办学校具有同等的法律地位。"《关于幼儿教育改革与发展的指导意见》第七条也规定:"社会力量举办的幼儿园,在审批注册、分类定级、教师培训、职称评定、表彰奖励等方面与公办幼儿园具有同等地位。"可见,民办幼儿园与公办幼儿园享有相同的权利,履行相同的义务。

第四节 ★ 幼儿园的管理体制

一、幼儿园内部管理体制的法律依据

幼儿园内部管理体制是幼儿园内部设立的主要管理机构及其职能的总称。幼儿园内部管理体制在幼儿园发展与管理中居于至关重要的位置。为了维护国家和社会的公共利益,保证教育质量,提高办学效益,特别是为了确立学校及包括幼儿园在内的其他教育机构的法人地位,国家已经通过立法,对学校及其他教育机构的内部管理体制和管理活动作出明确规定。

《教育法》第三十一条第一款规定:"学校及其他教育机构的举办者按照国家有关规定,确定其所举办的学校或者其他教育机构的管理体制。"学校(幼儿园)的举办者有权利也有责任按照国家有关规定,确定其所举办学校(幼儿园)的内部管理体制。从当前情况看,我国学校(幼儿园)实行的内部管理体制主要有"校(园)长负责制""党委领导下的校(园)长负责制""董事会领导下的校(园)长负责制"等。

《幼儿园管理条例》明确规定我国幼儿园实行园长负责制,园长在举办者和教育行政部门领导下,依据本条例负责领导全园工作。园长负责制是以园长职责、权利和义务为主要内容

的园内管理体制之一。社会力量举办的幼儿园可以实行董事会领导下的园长负责制。

现代学校、幼儿园管理强调的是民主治园、全员管理。《教育法》第三十一条第三款规定："学校及其他教育机构应当按照国家有关规定,通过以教师为主体的教职工代表大会等组织形式,保障教职工参与民主管理和监督。"幼儿园应建立教职工大会制度,或以教师为主体的教职工代表会议制度,加强民主管理和监督。以教师为主体的教职工代表大会是教职工参与幼儿园管理活动,行使民主管理和监督权利的法定组织形式,是幼儿园内部管理体制的重要组成部分。幼儿园应通过多种方式保障教职工参与学校民主管理和监督的权利。这一规定体现了现代教育的民主、科学精神,有利于调动广大教职工的工作积极性,防止幼儿园管理中的随意性和独断专行。

二、幼儿园园长的地位、职责和岗位要求

幼儿园教育是我国基础教育的重要组成部分,关系到广大幼儿的成长和发展,关系到广大家庭的幸福和安康,关系到民族的振兴和前途。而幼儿园园长是"一园之魂",园长的素质如何直接关系到全园工作的进展,关系到教师的积极性和幼儿的健康、快乐成长,决定着幼儿园的生存和发展。这些既赋予了幼儿园园长充分的权力,也对其工作提出了极大的挑战。

(一) 幼儿园园长的地位

园长是学校管理的最高负责人,全面负责幼儿园的保育教育和行政工作,是幼儿园的法定代表人。园长对外代表幼儿园,对举办者、幼儿家长及社区负责;对内全面领导保育、教育和行政工作,对全体教职员工、幼儿负责。

根据《教育法》等有关法律法规的规定,我国幼儿园园长由举办者任命或聘任。经任命或聘任的园长,作为该园的法人代表,依法行使行政决策权、行政指挥权、人事管理权、财务管理权。

(二) 幼儿园园长的职责

根据《幼儿园工作规程》,幼儿园园长的职责包括以下方面:

(1) 贯彻执行国家的有关法律、法规、方针、政策和地方的相关规定,负责建立并组织执行幼儿园的各项规章制度;

(2) 负责保育教育、卫生保健、安全保卫工作;

(3) 负责按照有关规定聘任、调配教职工,指导、检查和评估教师以及其他工作人员的工作,并给予奖惩;

(4) 负责教职工的思想工作,组织业务学习,并为他们的学习、进修、教育研究创造必要的条件;

（5）关心教职工的身心健康，维护他们的合法权益，改善他们的工作条件；

（6）组织管理园舍、设备和经费；

（7）组织和指导家长工作；

（8）负责与社区的联系和合作。

（三）园长的岗位要求

关于园长的任职资格已经在举办幼儿园的基本条件中有所说明，这里根据原国家教委颁发的《全国幼儿园园长任职资格、职责和岗位要求（试行）》的规定，主要就园长的岗位要求做一一说明。

（1）基本思想品德要求。主要是：坚持党的基本路线，拥护党的十一届三中全会以来的方针政策。努力学习建设中国特色社会主义理论；热爱幼儿教育事业，热爱幼儿，尊重、依靠、团结教职工；实事求是，公正廉洁，严于律己，以身作则，作风民主；敬业守职，努力学习，积极进取，勇于改革创新。

（2）岗位专业要求。主要是：正确领会和掌握国家的教育方针、政策和法规的基本精神，熟悉幼儿教育法规和规章，坚持依法办园；有一定的幼儿卫生、心理和教育的基本理论，了解和掌握幼儿身心发展和教育的基本规律，有正确的教育观念；正确掌握国家幼儿园课程的主要内容和基本精神，并能组织实施；有幼儿园科学管理的基本知识。

（3）岗位能力要求。主要是：能根据党和国家的有关方针、政策和法规、规章结合本园实际制订本园发展规划和工作计划并组织实施；有管理和指导保教工作的能力、能组织管理幼儿园卫生保健工作；指导教师制订适合幼儿发展水平的教育计划；正确评析保育教育工作；组织开展有效的教研工作，帮助保教人员提高业务水平，改进保教工作；有一定的组织协调能力；能调动教职工的积极性，善于依靠和动员家长、社区等各方面的力量参与和支持幼儿园建设；有一定的撰写文稿和口语表达能力、能拟定工作计划，撰写工作经验和研究报告，并指导教师撰写文稿。

三、幼儿园教职工参与民主管理

园长负责制是建立在民主的基础上的，而教育机构实行民主管理是由我国的社会主义性质决定的。我国《宪法》规定："人民依照法律规定，通过各种途径和形式，管理国家事务，管理经济和文化事业，管理社会事务。""国家坚持社会主义的民主原则，保障人民参加管理国家，管理各项经济事业和文化事业，监督国家机关和工作人员。"

教育机构实行民主管理也是由教职工在其中所处的地位决定的。《教育法》第三十一条第三款规定："学校及其他教育机构应当按照国家有关规定，通过以教师为主体的教职工代表大会等组织形式，保障教职工参与民主管理和监督。"可见，教职工既是幼儿园管理的对象，更是幼儿园管理的主体。

幼儿园民主管理的形式之一体现在教职工代表大会上,建立健全教职工代表大会也是园长负责制的重要组成部分。根据一些幼儿园的实践经验,教职工代表大会的职责,可以归纳为以下四条:

(1) 听取园长的工作报告,审议本园办园方针、发展规划、教育改革方案和经费使用等有关建设和改革的重大问题,提出意见和建议;

(2) 团结全园教职工支持园长正确使用职权;

(3) 关心教职工切身利益,决定有关教职工福利的重要事项;

(4) 监督、评议园长和其他园领导的工作业绩。

教职工代表大会建立定期的会议制度,不设常设机构,幼儿园工会承担教职工代表大会工作机构的任务。

除教职工代表大会,幼儿园的园务委员会是幼儿园日常管理民主化的重要形式。按《幼儿园工作规程》规定,幼儿园可以建立园务委员会。园务委员会由保教、医务、财会等人员的代表以及家长代表组成。园长任园务委员会主任,园长定期召开园务会议(遇重大问题可临时召集)对全园工作计划、工作总结、人员奖惩、财务预算和决算方案、规章制度的建立、修改、废除,以及其他涉及全园工作的重要问题进行审议。不设园务委员会的幼儿园,上述事项由园长召集全体教职工会议商议。

总之,民主管理是园长负责制不可缺少的重要组成部分,是园长负责制的基础,园长负责制是民主管理的集中体现。要办好幼儿园,提高管理效率,必须依靠全体教职工,尊重和维护好他们的民主权利,充分调动他们的积极性和创造性,发挥他们的监督和管理作用。

案　例

幼儿园保教秩序不得扰乱

一天,在幼儿园户外活动时间里,许多幼儿都在各种游戏设施上玩耍。带班老师几次告诉玩转椅的孩子,不要把腿伸到转椅下面,以免发生危险。但幼儿王爽出于好奇,趁老师照顾其他小朋友时,把腿伸到转椅下面玩,致使一条腿骨折。出事后,幼儿园园长和有关教师很快将王爽送到医院治疗,并垫付了费用。在幼儿住院治疗期间,幼儿老师在医院值班,照顾孩子,还买了许多营养品。王爽伤愈后,其家长拿来许多票据让幼儿园报销,其中包括幼儿住院期间家长开的营养药品、保健药品等,还提出让幼儿园再支付其误工费、营养费以及精神损害赔偿金等。幼儿园未满足家长的全部要求。王爽的家长遂多次纠集一些亲属到幼儿园大吵大闹,不但严重扰乱了幼儿园的工作秩序,而且也使得一些在园的幼儿受到惊吓,造成了很坏的影响。

【分析】

该案例反映了当前幼儿园工作中经常遇到的问题,即如何正确处理幼儿在园内的人身伤害的责任承担以及如何依法维护幼儿园自身合法权益的问题。

幼儿园作为对学龄前幼儿实施保育和教育的机构,其最为重要的职责之一便是保护幼儿的人身安全和健康。同时,《幼儿园工作规程》第三章特别强调幼儿园的安全,要求幼儿园严格执行国家和地方幼儿园安全管理的相关规定,建立安全责任制度和应急预案。

本案例中,幼儿园的教师已多次提醒幼儿注意安全,应当说履行了法定的安全教育职责。但幼儿由于好奇心理以及年幼无知,偏要避开老师的视线尝试一下,结果导致了伤害后果的发生。应当说幼儿王某自身存在着未听从教师要求的错误,并且这个错误直接导致了事故的发生,因此受害一方应当承担一部分责任。此外,幼儿园的教师虽然在游戏时已提醒幼儿注意安全,但未能采取更加有效的措施防止事故的发生,也应承担管理、教育不周的责任。根据《民法典》第一千一百六十五条所确立的侵权行为的"过错责任"原则,即"行为人因过错侵害他人民事权益造成损害的,应当承担侵权责任"的规定,幼儿园方面也应承担一定的责任。据此,幼儿园在事故发生后支付了主要的医疗费用,并积极、及时地救治和照顾幼儿,可以说是已承担了主要的责任。对于受伤幼儿的家长无理要求幼儿园支付其他费用,幼儿园完全有权拒绝。家长认为事故发生在幼儿园,园方就要负全部责任是不符合法律规定的。《民法典》第一千一百七十三条规定:"被侵权人对同一损害的发生或者扩大有过错的,可以减轻侵权人的责任。"

此外,当幼儿家长与幼儿园意见不一致时,家长往往用大吵乃至殴打幼儿园工作人员、损坏园舍与设施等方法以达到自己的目的。对此,幼儿园一定要学会以法律手段维护自身的合法权益,不允许任何人破坏幼儿园正常的保教秩序。《幼儿园管理条例》第二十八条规定,干扰幼儿园正常工作秩序的单位或者个人,"由教育行政部门对直接责任人员给予警告、罚款的行政处罚,或者由教育行政部门建议有关部门对责任人员给予行政处分","情节严重,构成犯罪的,由司法机关依法追究刑事责任"。这些规定都为维护幼儿园正常的保教秩序、维护幼儿园的合法权益提供了法律依据。

本案例中,对于王爽家长的行为,幼儿园可以向当地的公安机关寻求法律保护。因为他们的行为已损害到其他未成年人的合法权益,破坏了幼儿园正常的保教秩序,公安机关可依据《治安管理处罚条例》第十九条第一项的规定,对于扰乱秩序,致使教学工作不能正常进行的,"处十五日以下拘留、二百元以下罚款或者警告"。总之,幼儿园应增强依法治教的意识,正确处理发生在保教工作中的各种问题,依法承担应当承担的责任。同时,禁止任何人以幼儿园工作中的疏漏为借口,或因与幼儿园不能达成一致意见,而对幼儿园的正常工作秩序进行破坏。幼儿园对此应当通过正当的法律途径解决问题,以保护自身的合法权益。

【建议】

1. 幼儿园教育中最重要的事项是安全,教师在实践中发现了安全隐患,应马上解决,决不能妥协,要防患于未然。

2. 在平日的交往中,教师要加强与家长的联系,建立良好的感情,以真诚换真心,一旦发生意外事件,就容易沟通,易于解决问题。

思考题

1. 幼儿园的法律地位具有哪些特点?

2. 案例分析:河南省巩义市"蒲公英幼儿园围墙倒塌致7人死亡事故"。

  2001年夏天,被告人李小黑与其亲戚杨妮商量,用杨妮家的房子开办幼儿园。经同意后,李小黑在未办理任何手续的情况下私自开办了蒲公英幼儿园。该幼儿园没有办学资质,幼儿园的老师没有健康证,没有正规课程,也没有床,睡午觉就直接趴在桌子上。院子里没有任何游乐设施,也没有安全防范设施。教育部门曾责令其停办,李小黑置之不理。在明知幼儿园周围建筑设施陈旧、长期无人管理、居住的情况下,李小黑也没有采取必要的安全防护措施。2003年8月27日9时许,幼儿园南墙突然倒塌,将在幼儿园内玩耍的儿童及上前救护的李小黑等11人砸倒。7人死亡,4人受伤。

  法院经审理认为,被告人李小黑未经批准,私自办校,且明知教育设施有安全隐患,而不采取防护措施,致使发生重大伤亡事故,其行为已构成教育设施重大安全事故罪。法院依照《中华人民共和国刑法》第一百三十八条的规定,依法判处被告人李小黑有期徒刑4年。

请从举办幼儿园所应具备的四个实体要件的角度分析,教育行政主管部门应如何处理该幼儿园?

3. 幼儿园享有哪些权利和义务?

4. 幼儿园实行怎样的管理体制? 园长的主要职责是什么?

第六章　幼儿园的教育和保育

PPT 教学课件

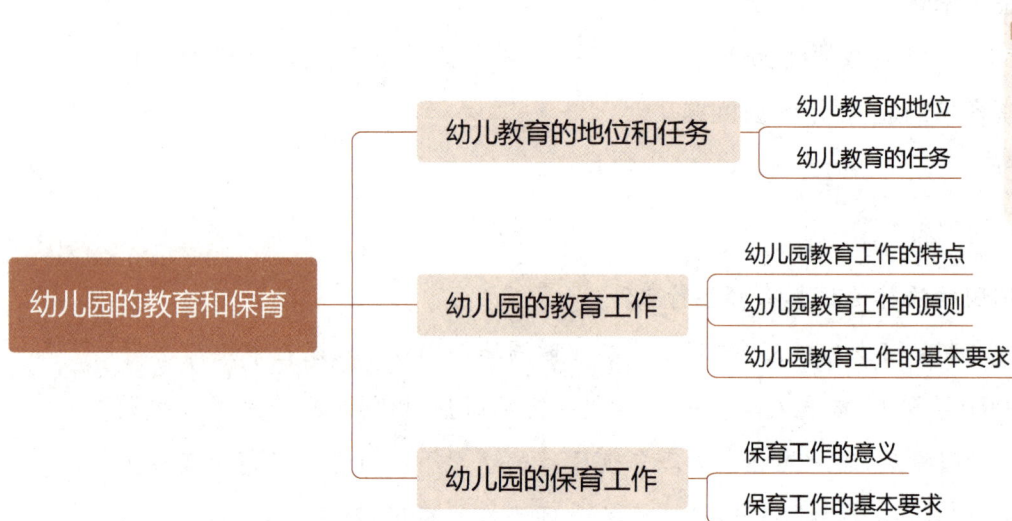

幼儿园的教育和保育
- 幼儿教育的地位和任务
  - 幼儿教育的地位
  - 幼儿教育的任务
- 幼儿园的教育工作
  - 幼儿园教育工作的特点
  - 幼儿园教育工作的原则
  - 幼儿园教育工作的基本要求
- 幼儿园的保育工作
  - 保育工作的意义
  - 保育工作的基本要求

第一节 ★ 幼儿教育的地位和任务

一、幼儿教育的地位

幼儿教育是有目的、有意识培养人的教育活动。这里所说的幼儿教育的地位,是指其在国家整个教育事业和教育制度中的地位。从总体上说,幼儿教育是我国教育事业的重要组成部分。具体反映在以下两个方面。

(一)幼儿教育是我国学制的基础阶段

发展幼儿教育,历来为国家所重视。1951年政务院发布的关于《改革学制的决定》即把幼儿教育纳入学制系统。1995年颁布的《中华人民共和国教育法》规定:"国家实行学前教育、初等教育、中等教育、高等教育的学校教育制度。"关于教育的基本法律确定了学前教育(即幼儿教育)属于学校教育制度。从幼儿教育的任务、幼儿教育对象的年龄、幼儿教育与小学教育衔接三个方面来看,幼儿教育自然属于学校教育制度的起始阶段,从与后续教育的关系来说,是打基础的阶段。

（二）幼儿教育是基础教育的有机组成部分

首先，从幼儿教育担负的任务看，幼儿园实行保育与教育相结合的原则，对幼儿实施体、智、德、美诸方面全面发展的教育，促进其身心和谐发展。这就说明，我国幼儿教育在国家教育方针的指导下，始终有着明确的培养目标，它强调遵循幼儿身心发展的规律，满足个体发展的需要，承担着为培养造就一代新人打好基础的任务，在性质上属于基础教育。

其次，从幼儿教育的对象看，它是对 3 岁以上学龄前幼儿实施保育、教育，按年龄段划分，属于基础教育。

再次，从行政管理体制上看，正是由于以上两个原因，幼儿教育属于基础教育管理的范畴。

二、幼儿教育的任务

我国《教育法》明确规定了教育的方针和任务是："教育必须为社会主义现代化建设服务、为人民服务，必须与生产劳动和社会实践相结合，培养德智体美劳全面发展的社会主义建设者和接班人。"结合《教育法》《幼儿园管理条例》《幼儿园工作规程》以及 3 岁以上的学龄前儿童的身心发展特点，幼儿园的任务应该是：实行保育和教育结合的原则，对幼儿实施德智体美劳全面发展的教育，促进其身心和谐发展。同时，为家长提供科学育儿的指导。

（一）促进幼儿身心和谐发展

幼儿教育的教育对象是幼儿，它必须根据国家的教育任务、基础教育的任务，结合幼儿身心发展的规律和特点，实行保育和教育相结合的原则，对幼儿实施德、智、体、美、劳诸方面全面发展的教育，促进其身心和谐发展。在促进幼儿身心和谐发展的要求上，《幼儿园工作规程》作出了具体规定。

1. 德育目标

在情感、品德、行为、习惯乃至性格培养上提出了具体要求。这是因为幼儿年龄小、经验少，根据他们身边的、具体的、看得见摸得着的情景，循序渐进地引导、帮助他们形成初步的是非观，萌发初步的道德感情，培养良好的品德、行为和习惯。幼儿阶段的品德教育应着重从情感教育入手，比如萌发幼儿爱祖国的情感，要从培养幼儿对自己的父母、亲属、老师、同伴、邻居的爱开始，然后引导到对家庭、家乡、周围接触到的社会生活的爱，以形成他们对祖国的爱。因此，对幼儿情感的培养，对幼儿良好的品德、行为、习惯的培养，都应根据幼儿的特点，由近及远、由此及彼、由具体到抽象地进行。

2. 智育目标

强调"培养正确运用感官和运用语言交往的基本能力"，"培养有益的兴趣和求知欲望，培

养初步的动手能力"。这是因为幼儿具有直觉行动思维的特点,他们是通过直接感知和具体行动进行思维。只有利用和创造大量的机会,引导他们运用多种感官和语言去与物、与人接触,才能增进他们对环境的认识,培养有益的兴趣、求知欲望和正确运用感官、运用语言交往的能力及动手能力,发展智力。

3. 体育目标

强调"促进幼儿身体正常发育和机能的协调发展,增强体质,培养良好的生活习惯、卫生习惯和参加体育活动的兴趣"。这是因为幼儿还处在一个柔弱、不完善的、未成熟生长阶段,对环境的适应能力很弱,抵抗疾病的能力也很差,各种器官的运动功能还不完善。加上生活经验不丰富,从事活动的能力、自控能力、协调自己行为的能力都比较差。这就需要成人创造适当的环境,给予精心地照料、引导和教育,促进他们身体良好的发育,增强他们的体质。同时,要注意培养幼儿积极参加体育锻炼的兴趣,增加参加体育活动的主动性。

4. 美育目标

提出"培养幼儿初步的感受美和表现美的情趣和能力"。幼儿园的美育并非强调幼儿必须掌握多少的艺术技能技巧。作为艺术启蒙教育,侧重在萌发幼儿初步的感受美、表现美的情趣和能力。

5. 劳动教育目标①

劳动是创造物质财富和精神财富的过程,是人类特有的基本社会实践活动。劳动教育是发挥劳动的育人功能,对幼儿进行热爱劳动、热爱劳动人民的教育活动。

幼儿园通过劳动教育,让幼儿树立正确的劳动观念,尊重劳动,尊重普通劳动者,树立劳动最光荣、劳动最美丽的思想观念;从小养成良好的劳动习惯和品质,珍惜劳动成果,不浪费。

特别需要提出的是,幼儿园的教育目标是和谐统一的。要促进受教育者在德、智、体、美、劳五个方面全面的、和谐的发展。这既反映了时代要求未来建设者和接班人应具有的素质结构,也反映了幼儿身心发展特点的内在要求。幼儿的发展既具有共性,又存在个体差异。尊重幼儿的一个重要方面就是要尊重幼儿的个体差异。坚持因材施教的原则,使每个幼儿在原有水平上得到充分发展。幼儿是个整体,正处于迅速发育成长时期,幼儿教育是启蒙教育,要注意把体、智、德、美、劳各方面的教育有机地结合在一起,既不偏重又不偏废某一个方面,才能促进幼儿整体的协调发展,为幼儿的一生打好基础,为国民素质的全面提高打好基础。

(二)为幼儿家长提供科学育儿指导

对幼儿实施全面发展教育,促进幼儿身心和谐发展,这是幼儿教育的首要任务。根据《幼

---

① 2016 年实施的《幼儿园工作规程》中并没有劳动教育目标,这里根据《教育法》《未成年人保护法》和教育部 2020 年 7 月公布的《大中小学劳动教育指导纲要(试行)》而增补此内容。

儿园工作规程》的规定,作为实施幼儿教育的组织,幼儿园还具有另一个重要的任务,即在促进幼儿身心和谐发展的同时,要为幼儿家长提供育儿指导。

中华人民共和国成立后,我国广大幼儿园随着国家建设的发展,为解放妇女劳动力,为解除广大家长的后顾之忧,在为幼儿家长服务方面,做了大量的工作,积累了丰富的经验。

改革开放以来,国家的经济建设有了飞速的发展,群众的生活水平有了很大的提高,对教育战略地位的认识有了新的飞跃。每一位家长,都迫切希望自己的子女能受到良好的教育。在学前教育期间,父母一方面急切地送孩子上幼儿园,希望幼儿园给予理想的教育,另一方面也盼望从幼儿园方面学到科学育儿的知识,以便让孩子在园里、在家里都能得到全面发展的教育。因此,当今的幼儿园在为家长服务方面,已经不单纯是为了让家长安心工作,偏重在生活方面为家长解除后顾之忧,提供便利条件,做好后勤工作了。广大幼儿园从大教育观念出发,已肩负起了教育家长、引导家长学习科学育儿的知识,共同提高育儿水平的任务。他们设立家长委员会,举行家长会,邀请家长来园,听取幼儿园的工作计划和要求;他们举办开放日,约请家长参观、参与孩子们的各项活动;他们举办教育讲座,设置家长信箱,播放录像等,运用多种形式向家长普及保育、教育幼儿的常识,介绍保育、教育幼儿的方法。

(三) 为提高基础教育的质量打好基础

《幼儿园工作规程》明确指出,幼儿教育是"基础教育的有机组成部分,是学校教育制度的基础阶段"。它必然承担着为学校教育打基础的任务。幼儿园和小学是两个相邻的阶段,两者既有内在联系,又有不同的特点。《幼儿园工作规程》第三十三条规定:"幼儿园和小学应密切联系,互相配合,注意两个阶段教育的相互衔接。"因此,做好幼小衔接工作,为儿童入小学做好准备,以提高基础教育的质量,是幼儿园的重要任务。

总体而言,当前幼小衔接的不足主要表现在,儿童入学前在学习和社会性方面准备不足,入学后在这两个方面不适应。学习不适应主要体现在读写和数学方面。社会性不适应主要体现在遵守规则、完成任务、独立自理和人际交往方面,社会性适应问题对学习适应有重要影响。解决幼小衔接教育问题,必须由幼小双方实行双向的改革,幼儿园的主要任务是做好幼儿入学前的准备工作。因此,幼儿园在向幼儿实施全面发展的教育活动中,应该充分注意培养幼儿学习的兴趣和求知欲,重视培养幼儿的观察力和分析比较、综合概括、推理能力,发展幼儿的逻辑思维,帮助幼儿做好学习适应方面的准备。同时,要加强幼儿社会适应能力的培养,培养幼儿尊重他人、团结互助的意识与相应的行为规则意识,培养任务意识与完成任务的能力,培养独立性与生活自理的能力,培养人际交往的能力,逐步学会自主、自律,学会生活自理。这不仅有助于幼儿入学后适应小学生活,减少小学学习生活中的困难,提高小学教育质量,而且能为他们以后成为一个独立自强、主动适应社会需要的公民打下很好的基础。

第二节 ★ 幼儿园的教育工作

一、幼儿园教育工作的特点

幼儿园是对三周岁以上学龄前儿童实施保育教育的机构,是学校教育制度的基础阶段。与学校制度的其他阶段相比,幼儿园教育工作有以下特点。

(1) 幼儿园教育是非义务性的。也就是说,幼儿去幼儿园接受教育是自愿而非强迫接受的。

(2) 幼儿教育不以传授系统知识为主要目标。幼儿园有组织、有计划、有目的的教育在于使幼儿的体力、智力、品德和情感都得到发展,为幼儿升入小学后较快地适应正式的学习生活打基础,而不以传授系统知识为主要目标。

(3) 在法律上,幼儿教育的对象虽然具有同成人一样的权利能力,但他们无相应的行为能力和责任能力。按我国《民法典》的规定,不满八周岁的未成年人为无民事行为能力人,由其法定代理人代理实施民事法律行为。因此,幼儿教育特别强调保育与教育相结合,一切教育活动都是在保育的前提下进行的。

二、幼儿园教育工作的原则

关于幼儿园教育工作的原则,《幼儿园工作规程》有所规定,具体如下。

(1) 诸育互相渗透、有机结合的原则。即德、智、体、美诸方面的教育应互相渗透,有机结合。

(2) 注重个体差异、因人施教原则。即幼儿园教育工作应遵循幼儿身心发展的规律,符合幼儿的年龄特点,注重个体差异,因人施教,引导幼儿个性健康发展。

(3) 面向全体,坚持正面教育原则。即幼儿园教育工作应面向全体幼儿,热爱幼儿,坚持积极鼓励、启发诱导的正面教育。

(4) 发挥各种教育手段交互作用原则。即幼儿园教育工作应合理地综合组织各方面的教育内容,并渗透于幼儿一日生活的各项活动中,充分发挥各种教育手段的交互作用。

(5) 幼儿活动主体性原则。即创设与教育相适应的良好环境,为幼儿提供活动和表现能力的机会和条件。

(6) 游戏为主,寓教于活动的原则。即幼儿园的教育工作应以游戏为基本活动,以活动为形式把教育因素贯穿于各项活动之中。应指出的是,上述原则既然是法定的原则,就必须无条件地遵守。虽然不排斥人们在实践中或从学术研究上对幼儿园教育工作的原则做不同角度的阐释,但在实际工作中是不允许违背这些原则的。

三、幼儿园教育工作的基本要求

《幼儿园工作规程》对学前教育机构教育工作的基本要求作了规定,主要是以下方面。

(1) 精心组织幼儿一日活动。《幼儿园工作规程》第二十六条规定:"幼儿一日活动的组织应动静交替,注重幼儿的直接感知、实际操作和亲身体验,保证幼儿愉快的、有益的自由活动。"

(2) 建立必要、合理的常规。《幼儿园工作规程》第二十七条规定:"幼儿园日常生活组织,应当从实际出发,建立必要、合理的常规,坚持一贯性和灵活性相结合,培养幼儿的良好习惯和初步的生活自理能力。"

(3) 有目的、有计划地组织好教育活动。《幼儿园工作规程》第二十八条规定:"幼儿园应当为幼儿提供丰富多样的教育活动。教育活动的内容应根据教育目标、幼儿的实际水平和兴趣确定,以循序渐进为原则,有计划地选择和组织。教育活动的组织应当灵活地运用集体、小组或个别活动的形式,为每个幼儿提供充分参与的机会,满足幼儿多方面的需要,促进每个幼儿在不同水平上得到发展。"

(4) 以游戏为基本活动促进全面发展。《幼儿园工作规程》第二十九条特别强调:"幼儿园应当将游戏作为对幼儿进行全面发展教育的重要形式。应根据幼儿的年龄特点指导游戏。"

(5) 注重教育资源的开发。《幼儿园工作规程》第三十条规定:"幼儿园应当将环境作为重要的教育资源,合理利用室内外环境。充分利用家庭和社区的有利条件,丰富和拓展幼儿园的教育资源。"

(6) 寓德育于各项活动中。《幼儿园工作规程》第三十一条规定:"幼儿园的品德教育应以情感教育和培养良好行为习惯为主,注重潜移默化的影响,并贯穿于幼儿生活以及各项活动之中。"

(7) 重视幼儿园与小学的衔接。《幼儿园工作规程》第三十三条规定:"幼儿园和小学应密切联系,互相配合,注意两个阶段教育的相互衔接。"

第三节　幼儿园的保育工作

一、保育工作的意义

幼儿园的保育工作,是指成人为学前幼儿提供生存、发展所必需的环境和物质条件,同时给予精心的照顾和保护,以促进他们健康成长,逐步增进他们生活自理的能力。

(一) 良好的保育工作能促进幼儿身心健康发展

《幼儿园工作规程》第十七条规定:"幼儿园必须切实做好幼儿生理和心理卫生保健工作。"从幼儿生理、动作发展特点来看,学龄前是幼儿身体发育迅速,神经系统成熟的关键时期。幼儿体质柔弱、各种器官都很娇嫩,机体发育不完善,加上天性好动,但又缺乏生活经验,体力不足,自制能力、生活自理能力都很差,不具备独立生存能力,这就决定了成人必须对他们特别关注。一方面需要成人精心照顾和保护,一方面需要为他们创设良好的条件和环境。在学前教育机构工作中,正是保育工作承担了这一任务。同时,当今社会,独生子女日益增多,为数不少的家长在埋怨孩子挑食、生活自理能力差、依赖性强等不良习惯的同时,又产生孩子还小,要他们自己干,既浪费时间,又做不好,还不如家长包办代替的矛盾心理。因此,培养幼儿良好的生活、卫生等习惯也是学前教育机构保育工作的重要任务。良好的生活、卫生等习惯,幼儿可以受益终身,反之则直接影响幼儿的成长。

《幼儿园工作规程》把"促进幼儿身体正常发育和机能的协调发展,增强体质,促进心理健康。培养良好的生活习惯、卫生习惯和参加体育活动的兴趣"放在了保育和教育的主要目标的首位。

《幼儿园管理条例》第十三条也提出:"幼儿园应当保障幼儿的身体健康,培养幼儿的良好生活、卫生习惯。"因此,作为学前教育机构的工作人员,在保育工作中,必须掌握幼儿生理、心理特点,生活上要特别给予小心照看,注意保护幼儿,维护他们的生命安全,并且要创设条件,开展必要的锻炼,增强他们的体质,帮助他们养成健康、安全生活所必需的行为习惯和正确的态度,促进幼儿身体健康发展。

(二) 保育工作是学前教育机构的重要工作内容

《幼儿园工作规程》共有十一章六十六条,其中大部分与幼儿保育工作有关。总则中的 7 条,几乎每条都提到了保育内容,如"幼儿园是对 3 岁以上学龄前幼儿实施保育和教育的机构",幼儿园要"实行保育和教育相结合的原则""提高保育和教育的质量"。而第四章则专门论述了学前教育机构的卫生保健,并对保育的内容作出了详细的规定。这些提法,说明了保育的重要性。保护幼儿生命和促进幼儿健康始终是学前教育机构工作的首要任务,因此保育工作理应在学前教育机构工作中占据重要位置。

(三) 良好的保育工作能促进家长与幼儿园的协作,保持教养态度一致

坚持保育工作的一致性在保育工作中是非常重要的。当前,随着独生子女的增多,社会物质条件的逐渐优越,不少家长对子女的期望也越来越高,再加上隔代抚养情况的增多,一些家长对孩子保育、教育的不适度,必然影响了幼儿的健康成长。学前教育机构有责任在做好保育工作的同时,向家长传授幼儿保育的基本知识。只有当学前教育机构、家庭等各方面的

因素协同起来,保持教养态度的一致性,才能使幼儿得以健康成长。学前教育机构可以为家长提供良好的保育指导,将先进的保育经验传授给家长,给家长提供适当的保育方法和保育措施,帮助家长掌握和实施,使得幼儿在园、在家里都能在统一的保教要求下发展,从而使家庭教育从被动保育中走出来,走向主动保育。学前教育机构也可以通过和家长接触,了解和研究家长在家庭保育方面的好做法、好经验,不仅丰富自己的保育工作,还可在家长会上进行推广。这样协调一致开展的保育工作,既有利于促进幼儿的健康成长,也为全民素质的提高尽了一份力。

二、保育工作的基本要求

学前教育机构保育工作的主要目标是保证幼儿安全、照顾好幼儿的生活、促进幼儿身体正常发育、增强幼儿的体质、培养幼儿良好的生活卫生习惯等,它的基本要求是合理安排幼儿一日生活,提供合理的饮食,培养幼儿良好的生活卫生习惯,积极开展体育锻炼,增强幼儿体质,完善各项保育制度等。

(一)合理安排幼儿一日生活

合理的生活作息制度,有序的生活节奏,是保证幼儿身心健康发展的重要因素。《幼儿园工作规程》第十八条明确规定:"幼儿园应制定合理的幼儿一日生活作息制度。"并且对幼儿两餐间隔时间,对日托幼儿园、全托幼儿园户外活动时间,都作了科学的规定。第二十六条还规定:"幼儿园一日活动的组织应动静交替,注重幼儿的直接感知、实际操作和亲身体验,保证幼儿愉快的、有益的自由活动。"1985 年卫生部颁发的《托儿所、幼儿园卫生保健制度》在"生活制度"中,对幼儿一日生活活动的时间分配,还专门列表供幼儿园参考。各类幼儿园(班)都应该因地制宜,因时制宜,按照法规要求,为幼儿酌情安排好一日生活。幼儿一日活动的组织应注意以下四点。

(1) 时间分配的结构,应包括有利于幼儿身心发展的全部活动,动静要交替、室内外活动时间应平衡。

(2) 有指导有组织的集体活动与自选活动,安静活动与运动性活动,集体活动与个人活动、小组活动在时间分配上应有一定比例,要给幼儿一定的独自活动时间,以利于幼儿独立性的发展。

(3) 时间表应富有节奏和重复性,同时又有一贯性和灵活性,不要使幼儿产生生理、心理疲劳。

(4) 尽可能减少时间上的等待和浪费。有些地方的幼儿园,存在幼儿睡眠时间不足,户外体育活动时间不足,言语刺激不足带来的听话、对话时间少的现象,应该引起重视,努力克服。

(二) 做好疾病防治工作,培养幼儿良好的生活卫生习惯

贯彻"预防为主"的方针,是保证幼儿身体健康、减少疾病发生的重要措施。特别是幼儿器官柔嫩,抵抗力差,机体正在发展,刚由家庭转到幼儿园集体中,与外界接触多了,增加其感染疾病的可能性。因此,根据国家法规要求,在防治疾病方面,幼儿园要做好以下工作。

1. 定期进行健康检查

建立健康检查制度,是了解幼儿生长发育状况,及时防病治病,保障幼儿健康的重要措施。《幼儿园工作规程》第十九条指出:"幼儿园应建立幼儿健康检查制度和幼儿健康卡或档案。每年体检一次,每半年测身高、视力一次,每季度量体重一次,并对幼儿身体健康状况定期进行分析、评价。"《托儿所、幼儿园卫生保健制度》在"健康检查制度"中,则对入园检查、定期体检制度、晨检及全日健康观察制度三个方面作出了详细的规定:"婴幼儿在入园(所)前必须进行全身体格检查。""一岁以内婴儿每季度体检一次。一岁至三岁幼儿每半年体检一次,三岁以上每年体检一次,每半年测身高、体重一次。""坚持晨检及全日健康观察制度,认真做好一摸:有否发热;二看:咽部、皮肤和精神;三问:饮食、睡眠、大小便情况;四查:有无携带不安全物品,发现问题及时处理。"这些都是广大保教工作人员日积月累的、行之有效的经验,是增进幼儿健康,防患于未然的举措,每个幼儿园都要认真负责,严格执行。

2. 建立并严格执行有关的卫生保健制度

《幼儿园工作规程》第二十条规定:"幼儿园应建立卫生消毒、晨检、午检制度和病儿隔离制度,配合卫生部门做好计划免疫工作。"第二十四条还要求:"幼儿园夏季要做好防暑降温工作,冬季要做好防寒保暖工作,防止中暑和冻伤。"

《幼儿园管理条例》第十八条和第二十条分别规定:"幼儿园应当建立卫生保健制度,防止发生食物中毒和传染病的流行。""幼儿园发生食物中毒、传染病流行时,举办幼儿园的单位或者个人,应当立即采取紧急救护措施,并及时报告当地教育行政部门或卫生行政部门。"

《托儿所、幼儿园卫生保健制度》对卫生消毒及隔离制度、预防疾病制度、卫生保健登记、统计制度也都提出了相应要求。

预防疾病,关键是要提高幼儿的身体素质,加强体育锻炼,增强幼儿体质,提高幼儿对疾病的抵抗能力。幼儿园要按上述法规要求,采取一定的防病措施。

比如搞好环境卫生、个人卫生,做好消毒工作。幼儿园应该建立室内外环境清扫制度,建立责任制,分工包干,应确立要求,定时清扫、定时消毒、定期检查。对幼儿卫生也应按规定勤加照料,日常生活用品、专人用品,定时清洗消毒,特别要指导幼儿讲究卫生,养成良好的生活、卫生习惯,逐步培养生活自立、自理的能力,增强对疾病的抵抗能力。

再如,《幼儿园工作规程》要求幼儿园要做好计划免疫工作,这是增进幼儿身体健康成长的保证。幼儿园必须积极地、有计划地按防疫部门的布置,按年龄及季节完成预防接种工作,以提高幼儿对各种传染病的免疫力,预防某些急性传染病的感染。每次接种前,幼儿园工作人员都应该对幼儿进行教育,消除他们对打针的恐惧心理。

《幼儿园管理条例》第十八条和第二十条都提到,针对食物中毒和传染病的流行,必须靠建立卫生保健制度和采取紧急救护措施。特别是传染病流行期间,幼儿园发生情况后,如何隔离消毒,《托儿所、幼儿园卫生保健制度》第五部分对此规定得细致又明确。为了全体幼儿的健康,为了消除家长的思想负担,幼儿园全体工作人员都应严格执行卫生保健制度,尽心尽责地做好幼儿的疾病防治工作。

(三)建立安全防护和检查制度,增强幼儿自我保护意识

幼儿年龄小,缺乏安全知识和自我防护能力,重视幼儿安全,加强安全保护教育,制定安全保护和检查制度,是幼儿园保育工作的重要组成部分,是国家对幼儿园的基本要求。

《儿童权利公约》第十九条第一款规定:"缔约国应采取一切适当的立法、行政、社会和教育措施,保护儿童在受父母、法定监护人或其他任何负责照管儿童的人的照料时,不致受到任何形式的身心摧残、伤害或凌辱,忽视或照料不周,虐待或剥削,包括性侵犯。"

《未成年人保护法》第三十五条第一款规定:"学校、幼儿园应当建立安全管理制度,对未成年人进行安全教育,完善安保设施、配备安保人员,保障未成年人在校、在园期间的人身和财产安全。"该条第三款又规定:"学校、幼儿园安排未成年人参加文化娱乐、社会实践等集体活动,应当保护未成年人的身心健康,防止发生人身伤害事故。"

《幼儿园管理条例》明确规定:"举办幼儿园必须将幼儿园设置在安全区域内。""严禁在污染区和危险区内设置幼儿园。""幼儿园应当建立安全防护制度,严禁在幼儿园内设置威胁幼儿安全的危险建筑物和设施,严禁使用有毒、有害物质制作教具、玩具。"还规定,凡"园舍、设施不符合国家卫生标准、安全标准、妨害幼儿身体健康或者威胁幼儿生命安全的""使用有毒、有害物质制作教具、玩具的""在幼儿园周围设置有危险、有污染或者影响幼儿园采光的建筑和设施的",将由教育行政部门或者由教育行政部门建议有关部门对责任人员给予行政处分,情节严重构成犯罪的,由司法机关依法追究刑事责任。

《幼儿园工作规程》对安全防护工作作出了更细致的规定,第十二条规定:"幼儿园应当严格执行国家和地方幼儿园安全管理的相关规定,建立健全门卫、房屋、设备、消防、交通、食品、药物、幼儿接送交接、活动组织和幼儿就寝值守等安全防护和检查制度;建立安全责任制度和应急预案。"第十四条提出:"把安全教育融入一日生活。"

《托儿所、幼儿园卫生保健制度》在安全制度方面也提出了四项要求:各项活动要以孩子为中心,工作人员要注视儿童各项活动;要注意房屋、场地、家具、玩具、用具使用的安全,避免触电、碰伤、摔伤、烫(烧)伤等事故的发生;要妥善保管药物,服药要仔细核对,剧毒药品要专人管理,严禁放在班上;要建立健全儿童接送制度,不得丢失幼儿。

要求全体工作人员乃至全体家长严格执行各项安全防护制度,重视和加强对幼儿的安全

防护教育,让幼儿在长期的潜移默化的教育氛围中增强安全意识,学些安全知识,学会自我保护,培养应变能力,应该是我们促进幼儿健康发展的重要内容。

(四)提供合理的饮食,养成良好的进餐习惯

科学地安排饮食,是养成幼儿良好的进食习惯的保证。

《幼儿园工作规程》第二十一条规定:"供给膳食的幼儿园应为幼儿提供安全卫生的食品,编制营养平衡的幼儿食谱,定期计算和分析幼儿的进食量和营养摄取量。"第二十二条规定:"幼儿园应及时为幼儿提供安全卫生的饮用水。"这里要特别提出的是,幼儿园的任务就是要促进幼儿的健康成长。进食、饮水、包括大、小便,是人类生活、生存的基本要求。任何幼儿园都应该为此给幼儿提供方便。为了减少所谓的麻烦,不让幼儿自由饮水,甚至限制幼儿在园内大便,都是绝对错误的。园长们要加强教育和管理,严防此类现象发生。

《托儿所、幼儿园保健制度》对幼儿饮食也提出了三方面的要求。饮食管理方面,要求有专人负责,民主管理,并建立伙委会;伙食费要专款专用,计划开支,合理使用;伙食要因时制宜,制定带量食谱;每天要按人按量供应当天制作的饭菜;成人伙食和幼儿伙食严格分开,不允许侵占幼儿伙食;保健人员要定期进行营养分析,保证进食量和营养的摄入量;要按时开饭,保证幼儿吃好吃饱每餐饭。幼儿饮食方面,提出食谱要适合幼儿年龄,食物要多种多样,保证幼儿得到合理的营养素和足够的热量;食物要注意调配花样,科学烹调,尽力保存营养素;少吃甜食,晚餐不能以甜食、菜汤、面汤为主;要加强体弱儿的饮食管理,对病儿要视病情做病号饭。饮食卫生方面,要求保持厨房清洁;严格执行《食品安全法》,炊事用具,生熟分开,食具严格消毒;食物有防蝇设备;不买、不加工变质食物,买进的熟食要热处理后再吃;搞好进食卫生,饭前用肥皂和流动水洗手,饭桌要用肥皂水或碱水揩洗干净;培养幼儿不吃零食、不偏食的习惯;水果要洗净削皮再吃;炊事员要坚持上灶前洗手,如厕前脱工作服,便后用肥皂洗手,操作时不抽烟等。

要特别提出的是,幼儿园在为幼儿科学安排饮食的同时,要养成幼儿良好的进食习惯。比如定时定量,使机体有规律地进行消化活动;不挑食、不偏食、少吃零食,使身体得到应有的营养;要细嚼慢咽,以利于消化吸收;要养成进餐的文明习惯,正确摆放和使用餐具,不随便抛撒饭菜,不大声说话,不随便离开饭桌,饭后漱口等,从小养成好习惯,能使人一辈子受益。

(五)积极开展体育锻炼,增强幼儿体质

开展体育锻炼,促进幼儿身体的正常发展和机能发展,是保证幼儿各方面健康发展的前提。《幼儿园管理条例》第十三条强调:"幼儿园要保障幼儿的身体健康。"《幼儿园工作规程》第五条进一步把"促进幼儿身体正常发育和机能的协调发展,增强体质,培养良好的生活习惯、卫生习惯和参加体育活动的兴趣"作为幼儿体育的主要目标。第二十三条还具体规定:

幼儿园要"积极开展适合幼儿的体育活动,要充分利用日光、空气、水等自然因素,以及本地自然环境,有计划地锻炼幼儿肌体,增强身体的适应和抵抗能力。每日户外体育活动不得少于一小时""对体弱或有残疾的幼儿予以特殊照顾"。《托儿所、幼儿园保健制度》在"体格锻炼制度"中,对体格锻炼的原则、时间、实施进行了说明:"① 要有组织地经常开展适合婴幼儿特点的游戏及体育活动,尤其要重视一岁半以下婴幼儿的体格锻炼,给婴儿每天做一至二次被动操和主动操,幼儿做一至二次体操或活动性游戏。② 在正常天气下,要有充足的户外活动时间,每天坚持两小时以上户外活动,加强冬季锻炼。③ 要创造条件,充分利用日光、空气、水等自然因素,有计划地锻炼儿童体格。④ 锻炼要经常和循序渐进。运动项目和运动量要适合各年龄组的特点。对个别体弱的幼儿要给以特殊照顾。"值得注意的是,当前许多学前教育机构的幼儿一日活动中户外体育活动时间不足,少于《幼儿园工作规程》的规定。学前教育机构应该从执法的高度,组织好幼儿的户外体育活动,促进幼儿肌体的健康发展。

1995 年 6 月,国务院发布的《全民健身计划纲要》第七条阐明了全民健身计划,"以全国人民为实施对象,以青少年儿童为实施重点"。并且强调:"青少年和儿童的健康成长关系到国家的富强和民族昌盛,要发动全社会关心他们的体质和健康。"当前值得注意的是,许多幼儿园的幼儿一日活动中户外体育活动时间不足,少于《幼儿园工作规程》的规定。幼儿正处在成长发展阶段,对自然适应能力比较差,常常因为乍冷乍热引起感冒。开展户外体育活动,利用阳光、空气,甚至水、风、雪等自然条件适当地开展锻炼,能增强幼儿对气候的应变力,对疾病的抵抗力,增强幼儿体质。幼儿园应该从执法的高度,组织好幼儿的户外体育活动,促进幼儿肌体的健康发展。

案　例[①]

别为了安全,限制孩子的活动

【案情】

某幼儿园是一家公立幼儿园,日常管理工作比较规范。但是在一次组织小朋友们春游时,还是发生了意外。小朋友们乘坐的一辆包租的旅游车发生了车祸,导致 2 名幼儿受重伤。由于幼儿园存在过错,为此付出了高额的赔偿金。结果从那以后,为避免意外事件的再次发生,幼儿园决定减少幼儿的户外活动和游戏的时间,把幼儿整天闷在教室里。这种做法倒是保险了,可是否合法呢?

---

① 周天枢.幼儿园 100 个法律问题[M].广州:新世纪出版社,2010.

【分析】

　　本案涉及幼儿权利的保障问题。幼儿园应向幼儿提供规范、安全的学习条件和生活环境,不能因为担心出意外就限制或减少孩子们的户外活动时间。《儿童权利公约》第三十一条规定,儿童应有时间休息和游戏,有同等的机会参加文化和艺术活动。幼儿园不得以安全为理由,减少和限制孩子们的活动。

【建议】

　　1. 幼儿园应为幼儿提供规范、安全的室外活动环境。

　　2. 幼儿园在组织户外活动时,应对幼儿进行必要的安全教育能力培养训练。

思考题

　　1. 简述幼儿教育的地位和任务。

　　2. 简述如何合理安排幼儿一日生活。

　　3. 试论幼儿园教育和保育工作的基本要求。

第七章　幼儿园的工作人员

（思维导图）

幼儿园的工作人员
- 国家教师制度
  - 教师资格制度
  - 教师职务制度
  - 教师聘任制度
- 幼儿园的教师
  - 幼儿园教师的法律地位
  - 幼儿园教师的权利和义务
  - 幼儿园与教师的法律关系
- 幼儿园其他工作人员
  - 幼儿园工作人员概述
  - 幼儿园其他工作人员的任职条件
  - 幼儿园其他工作人员的岗位要求

PPT 教学课件

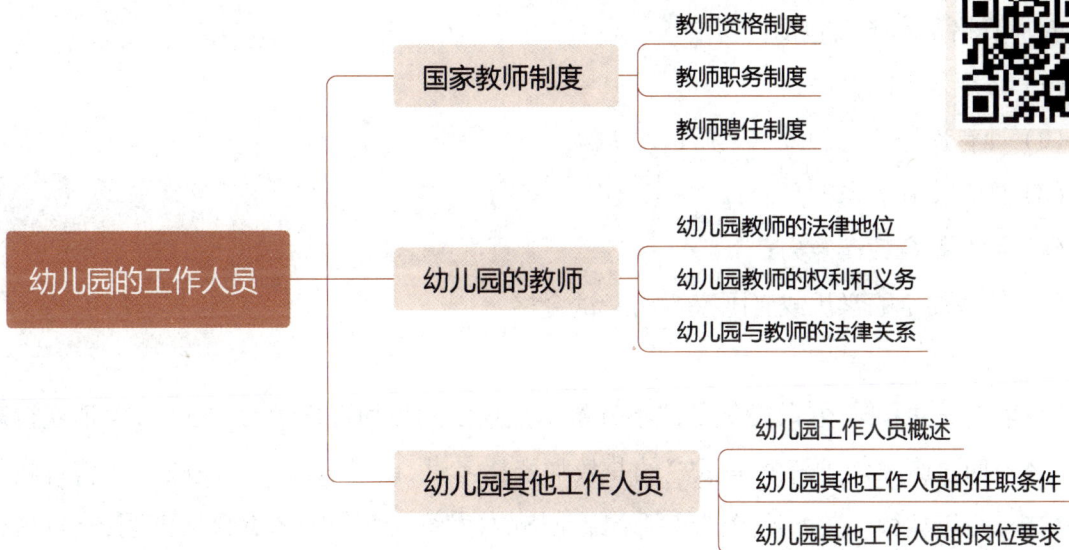

第一节　国家教师制度

国家教师制度是指一国以法律设定和推行的教师制度的总称。通常由教师资格或许可制度、职务或职称制度、任用制度、培训进修制度和奖惩制度组成。它反映了教师与国家、学校的法律关系，与教师息息相关。我国现行教育法规定的国家教师制度主要有教师资格制度、教师职务制度和教师聘任制度。

一、教师资格制度

教师资格制度是国家对教师实行的一种特定的职业许可制度。教师资格是国家对专门从事教育教学工作人员的最基本要求，是公民获得教师工作的前提条件，符合这种条件的人，才允许成为教师。教师资格制度包括教师资格基本条件、资格认定、丧失和撤销的原则以及认定教师资格程序。教师资格一经取得，即在规定范围内具有普遍适用的效力，非依法律规定不得丧失和撤销。为了保证教师的素质,世界上许多国家对教师的资格标准都有严格的规定,不少国家建立了教师许可证制度或教师资格证书制度。《中华人民共和国教师法》《教师资格条例》规定了在各级各类学校实行教师资格制度,对教师的资格分类、教师资格条件、教师资格考试、教师资格认定都作了具体规定。

1. 教师资格分类

教师资格主要分为:幼儿园教师资格、小学教师资格、初级中等学校教师资格、高级中等学校教师资格、学生实习指导教师资格、高等学校教师资格。

2. 教师资格条件

教师资格基本条件包括:

(1) 必须是中国公民;

(2) 具有良好的思想政治素质;

(3) 具有良好的道德品质;

(4) 具有教育教学能力;

(5) 具备规定的学历或者国家资格考试合格。

3. 幼儿教师资格考试

《中华人民共和国教师法》规定:"不具备本法规定的教师资格学历的公民,申请获得教师资格,必须通过国家教师资格考试。"幼儿教师资格考试,由县级以上人民政府教育行政部门组织实施,一年举行一次。凡考试科目全部及格的,发给幼儿教师考试合格证明;当年考试不及格的科目,可在下一年补考;经补考仍有一门或一门以上科目不及格的,必须重新参加全部考试科目的考试。

4. 幼儿教师资格认定

应由公民本人携带幼儿教师资格认定申请表、身份证、学历证书或幼儿教师资格考试合格证明、教育行政部门指定医院出具的体格检查证明、户籍所在地街道办事处或乡人民政府或工作单位或毕业学校出具的有关本人思想品德、有无犯罪记录等方面情况的鉴定及证明材料,向本人户籍所在地或本人任教幼儿园所在地的县级人民政府教育行政部门申请认定。

教育行政部门接到公民申请人的申请书和所有材料后,应对申请人的条件进行审查,符合认定条件的,在受理期限终止之日起30天内颁发幼儿教师资格认定证书;不符合认定条件的,则在上述时间内,将结论通知申请人。

非师范院校毕业或者幼儿教师资格考试合格的公民,申请认定幼儿教师资格,应当进行面试和试讲,以便考察教育教学能力;根据实际情况和需要,教育行政部门可以要求申请人补修教育学、心理学等课程。取得幼儿教师资格的申请人首次任教时,应当有试用期。

在《教师法》实施前,已经在幼儿园任教的教师,但没有具备合格学历的,按国家教委制定的过渡办法执行。被剥夺政治权利或者故意犯罪受到有期徒刑以上刑事处罚的,不能取得幼儿教师资格,已经取得幼儿教师资格的,丧失幼儿教师资格。教师资格认定工作应按规定程序进行,对取得幼儿教师资格者,由教育行政部门颁发国务院教育行政部门统一制作的教师资格证书。教师资格证书终身有效,全国通用。

5. 幼儿教师资格的丧失

根据《教师法》第十四条、《教师资格条例》第十九条的规定,丧失或撤销教师资格者,其工作单位或户籍所在地的县级以上教育行政部门应按照教师资格认定权限,会同原发证机关办理撤销、注销教师资格手续,通知当事人,收缴其证书,并将教师资格注销或撤销决定存入当事人档案,在教师资格管理信息系统中做相应的记录。被撤销教师资格的当事人5年后再次申请教师资格时,需提供相关证明。

二、教师职务制度

教师职务是根据学校教学、科研等实际工作需要设置的,有明确职责、任职条件和任期,并需要具备专门的业务知识和相应的学术(技术)水平才能担负的专业技术工作岗位。它与工资待遇挂钩,并有数额限制,不同于一次获得后而终身拥有的学位、学衔等各种学术、技术称号。教师职务制度,简单地说,就是国家对教师岗位设置及各级岗位任职条件和取得该岗位职务的程序等方面的有关规定的总称。我国《教育法》规定,国家实行教师职务制度,其内容包括以下方面。

1. 职务系列规定

设高等学校教师职务、中等专业学校教师职务、中学教师职务、小学教师职务、技工学校教师职务五个系列。每个系列内又分设若干职务。其中:普通中小学及幼儿园设三级教师、二级教师、一级教师、高级教师,其中三级教师、二级教师、小学一级教师为初级职务,中学一级教师和小学高级教师为中级职务。

2. 任职条件规定

教师必须具备一定的任职条件,才能受聘担任相应的教师职务,从现行各教师职务试行条例的任职条件规定来看,一般包括如下五个方面:

(1) 具备各级各类相应教师的资格;

(2) 遵守宪法和法律,具有良好的思想政治素质和职业道德,为人师表,教书育人;

(3) 具备相应的教育教学水平、学术水平,具有教育科学理论的基础知识,能全面地、熟练地履行职务职责;

(4) 具备学历、学位要求;

(5) 身体健康,能正常工作。

除符合上述的一般要求外,各级各类教师任职条件要求视岗位而有所差异。

3. 评审规定

一般来说,各级教师职务由同行专家组成的教师职务评审组织依据现行各教师职务试行条例规定的任职条件评审。鉴于幼儿教师与小学教师在资格条件方面属于同一层级,在职务评定方面,按《小学教师职务试行条例》执行。各级教师职务评审的程序、权限以及评审组织的组成办法等,分别由各教师职务试行条例作明确规定。

三、教师聘任制度

我国《教师法》第十七条规定:"学校和其他教育机构应当逐步实行教师聘任制。"《幼儿园管理条例》和《幼儿园工作规程》明确规定:幼儿园实行聘任制,幼儿园教师由幼儿园园长聘任,也可由举办幼儿园的单位或个人聘任。这是适应社会主义市场经济发展和教育改革的需要所进行的重大改革。所谓教师聘任制度,就是聘任双方在平等自愿的基础上,由教育机构或者教育行政部门根据教育教学需要设置的工作岗位,聘请具有教师资格的公民担任相应教师职务的一项制度。

1. 教师聘任制度的特征

教师聘任是任用教师的一种基本制度,它具有如下特征。

(1) 聘任是聘任人和受聘人双方的法律行为,通过聘任确定教师与教育机构或教育行政部门之间的法律关系。聘任双方关系基于独立地位而结合,基于意见一致或相互同意而成立,并在平等地位上签订聘任合同。

(2) 聘任双方在平等地位上签订的聘任合同具有法律效力,对聘任双方均有约束力,它以聘书的形式明确双方的权利、义务和责任。教师按合同履行义务,教育机构按合同为教师提供教学、科学研究、进修、交流等条件,并支付报酬。在聘任期间,无特殊理由一般不能辞聘或解聘教师,确需变动时,应提前与当事人协议,双方达成一致协议后,方可变更和解除。

(3) 教师聘任制度应体现按劳分配的原则,教师受聘后,根据聘任合同领取相应的工资,在其职务发生变化后,其职务工资也相应变化,职务工资应反映教师的工作业绩,教育教学水平,体现多劳多得,按劳取酬的原则。

2. 教师聘任的几种形式

教师聘任形式依其聘任主体实施行为的不同可分为如下几种形式。

(1) 招聘。即用人单位面向社会公开、择优选拔具有教师资格的所需人员。它的程序一般是先由用人单位或地区经人才交流部门批准,然后以广告或启事等形式提出所需人员的条件、工作性质、任务、待遇等,通常都要对应聘者进行审查、考核(或考试)。对符合条件者招聘单位即聘任。招聘具有公开、直接、自愿、透明度高等优点,有利于发现和合理使用人才。按照国家有关规定,招聘需要有组织有领导地进行。

(2) 续聘。即聘任期满后,聘任单位与教师继续签订聘任合同。一般是在聘任期间,双方合作愉快,聘任单位仍有工作需要,教师对所从事的岗位满意,双方自愿签订续聘合同。续聘合同有关规定和协议可与上次聘任相同,也可以根据实际需要予以变更。

（3）解聘。即用人单位因某种原因不适宜继续聘任教师,双方解除合同关系。解聘的原因较多,有些是用人单位在聘任后发现受聘者不符合原定聘用条件,有些是工作中不称职或者违反规定等,已不适合继续聘任。聘任合同具有法律效力,用人单位在解聘教师时,除有正当理由,否则应承担相应的法律责任。

（4）辞聘。即教师主动请求用人单位解除聘任合同的法定行为。如上所指,聘任合同对聘任双方均有法律约束力,教师因种种原因,不能继续履行聘任合同,给用人单位造成损失的,应按照聘任合同规定承担相应的法律责任。

案例

除了休假、进修,老师权利还有很多①

【案情】

韩晓露幼师毕业以后,应聘到某开发区幼儿园工作。该幼儿园每个周六、周日都不放假,没有暑假,寒假也只有一个星期。老师是一个人带一个班,从来没有时间休假和进行业务学习。韩晓露和她的同事曾多次提出,老师应该享有一定的假期,也希望能有一些学习的机会。园长却总以工作忙、要多为幼儿家长着想等理由搪塞。无奈,韩晓露和同事一起到当地教育行政部门反映情况,强烈要求幼儿园应考虑教师的权利和应享受的待遇。

韩晓露是否小题大做? 该幼儿园的做法是否合理?

【分析】

本案涉及幼儿园教职员工作为劳动者享有的劳动权的规定。

教师在幼儿园工作即是与幼儿园建立了一种劳动关系,一切活动都需遵守国家相关法律法规和合同的约定。作为劳动者,幼儿园教师享有《劳动法》第三条规定的各项基本权利,同时《教师法》第七条也规定了教师的多项权利。

本案中,韩晓露的要求是合法合理的。园长不能以各种借口拒绝韩晓露和她同事的各种合理要求,园长的做法违反了《劳动法》和《教师法》的规定。幼儿园应安排教师在寒暑假期轮流值班和轮休,利用一切可以利用的条件和机会,安排教职员工参加在职培训和学习,这是《劳动法》和《教师法》规定劳动者享有的基本权利。当地教育行政部门应该维护韩晓露等人的合法权益。

---

① 周天枢.幼儿园100个法律问题[M].广州:新世纪出版社,2010.

第二节 ★ 幼儿园的教师

法律地位是指法律主体在各种法律关系中所处的位置,它是法律主体在不同法律关系中享有权利和义务的综合体现。教师是教育法律关系的主体,也是办好幼儿园的依靠力量。

一、幼儿园教师的法律地位[①]

在《教育法》和《教师法》未颁行前,"教师"是在学校及教育机构从事教育教学工作人员的总称。《教师法》和《教育法》的相继颁行,赋予"教师"以特定的法律含义。法律意义上的"教师"是指履行教育教学职责的专业人员,承担教书育人、培养社会主义事业建设者和接班人,提高民族素质的使命。对教育法上幼儿园教师的地位,要侧重从以下两个方面理解。

1. 幼儿园教师地位的本质特征

幼儿园教师是履行学前教育职责的专业人员,这是幼儿园教师地位的本质特征,也是幼儿园教师概念的内涵。这一内涵可以从两个方面来加以把握。

(1) 履行教育、教书育人职责是幼儿园教师的职业特征。只有直接承担教育工作职责的人,才具备幼儿园教师的最基本的条件。幼儿园中,不直接从事教育工作,未履行教育职责的行政管理人员、校办产业公司人员、教育辅助人员(包括后勤服务人员等),都不能认定为教师,而分属教育职员或其他相应的专业技术职务系列。

(2) 专业人员是幼儿园教师的身份特征。同医生、律师等一样,教师是一种从事专门职业活动的专业人员,即教师必须具备专门规定的从事教育教学活动的资格,符合特定的要求。这里的"专业人员"包括三层含义:一是教师要达到符合规定的相应学历;二是教师要具备相应专业知识;三是教师要符合与其职业相称的其他有关规定,如语言表达能力、性格、身体健康状态等。对于本职工作不是教师,而临时到学校及幼儿园承担一些课程的人员,不能视为教师。

2. 幼儿园教师具有特定的权利和义务

在法律上,幼儿园教师具有两种身份:一方面,他们是普通公民;另一方面,他们是从事教育工作的专业人员。幼儿园教师的权利和义务是基于特定的职业性质而产生和存在,具有如下特点。

(1) 在教育教学活动中产生并由教育法律规范所设定。幼儿园教师的基本权利义务既

---

① 孙葆森,刘惠容,王悦群.幼儿教育法规与政策概论[M].北京:北京师范大学出版社,1998.

不同于宪法赋予每个公民具有的政治权利和义务,也不同于教师作为普通公民所具有的民事权利和义务。它是基于教育活动而产生,并由教育法律规范所设定的权利和义务,是一种职业特定的法律权利和职业特定的法定义务。

(2)与幼儿园教师职务和职责紧密相连。它具有两层含义:一是幼儿园教师的权利和义务始于其取得教师资格并在学校或其他教育机构任职,终于解聘。未取得教师资格而任职的,不具有此项基本权利和义务。二是幼儿园教师的权利和义务是其履行教育教学职责的要求和基本保证。当教师以教育者身份出现时,其与职责相关的权利和义务从某种意义上说是代表国家和社会利益,带有一定的"公务"性质,是不能随意放弃的。如果幼儿园教师随意放弃指导幼儿的学习和发展,实际上是没有履行教师的职责。

(3)是一定社会物质生活条件能予以保证的。各国关于教师基本权利和义务的规定,都是该国当时的社会、经济发展水平和文化传统等所需要并能予以保证的权利和义务。随着社会的发展,必然会从法律上对教师的权利、义务产生新的要求,并通过制定或修改法律来加以实现。

二、幼儿园教师的权利和义务

(一)幼儿园教师的权利

法律上的幼儿园教师的权利,是指幼儿园教师在教育活动中享有的由教育法赋予的权利,它是国家对幼儿园教师在教育活动中可以为或不为一定行为的许可与保障。它一般包括以下三部分内容。

(1)幼儿园教师实施某种行为的权利,也可称积极行为的权利,如《教师法》规定的"从事科学研究、学术交流、参加专业的学术团体、在学术活动中充分发表意见"的权利。

(2)幼儿园教师要求义务人履行法律义务的权利,如《教师法》规定教师享有"按时获取工资报酬"的权利。

(3)当幼儿园教师的权利受到侵害时,有权诉诸法律,要求确认和保护其权利。

这三部分内容相互联系,不可分割。积极行为的权利体现了一定社会经济条件下所确认的教师享有的自主权利,这种权利在不受到义务人侵犯或按照教师的要求履行义务的前提下才能得到保障。同时,当教师权利受到侵害并诉诸法律时,国家将依法采用强制手段予以恢复,或使教师得到相应的补偿。离开法律的确认和保护,无所谓教师权利的存在。依据《教育法》和《教师法》的规定我国幼儿园教师具有以下权利。

1. 教育权

教育权是指幼儿园教师进行保育教育活动,开展保育教育改革和实验的权利。其基本内容包括:

(1)幼儿园教师可依据其所在幼儿园的课程计划、工作量等具体要求,结合自身的保育

教育特点自主地组织课堂教育教学;

(2) 按照课程大纲的要求确定其教育内容和进度,并不断完善课程内容;

(3) 针对不同的教育对象,在教育教学的形式、方法、具体内容等方面进行改革、实验和完善。任何组织或个人都不得非法剥夺在聘教师从事教育活动,开展教育教学改革和实验权利的行使。

2. 科学研究权

科学研究权是指幼儿园教师从事科学研究、学术交流、参加专业的学术团体,在学术活动中发表意见的权利。这是教师作为专业技术人员所享有的基本权利之一。其基本内容包括以下三方面。

(1) 幼儿园教师在完成规定的保育教育任务的前提下,有权进行科学研究、技术开发、技术咨询等创造性劳动。有权将教育中的成功经验或专业领域的研究成果等,撰写成学术论文,著书立说。

(2) 参加有关的学术交流活动,以及参加依法成立的学术团体并在其中兼任工作的权利。

(3) 有在学术研究中发表自己的观点,开展学术争鸣的自由。但应注意在保育教育活动中,要按课程大纲或课程基本要求进行讲授,不应任意发表与讲授内容无关且有损幼儿身心发展的个人看法。

3. 管理幼儿权

管理幼儿权是指幼儿园教师指导幼儿的学习和发展,评定幼儿成长发展的权利。这是幼儿园教师所享有的在教育过程中居于主导地位的基本权利。其基本内容包括:

(1) 幼儿园教师按照幼儿园的课程内容,指导幼儿主动地学习,促进幼儿全面地发展,并且通过观察、分析,对幼儿适时地给予评价;

(2) 幼儿园教师有权对幼儿的品德、学习、劳动等方面给予客观、公正、恰如其分的评价;

(3) 幼儿园教师有权运用正确的指导思想、科学的方式方法,使幼儿的个性和能力得到充分发展。

4. 获取报酬待遇权

获取报酬待遇权是指幼儿园教师按时获取工资报酬,享受国家规定的福利待遇以及寒暑假期的带薪休假。这是宪法规定的公民享有劳动的权利和劳动者有休息的权利的具体化,其基本内容包括以下两点。

(1) 幼儿园教师有权要求所在幼儿园及其主管部门根据国家教育法律、教师聘用合同的规定,按时、足额支付工资报酬,包括基础工资、职务工资、课时报酬、奖金、教龄津贴、班主任津贴及其他各种津贴在内的工资收入。

（2）幼儿园教师有权享受国家规定的福利待遇。包括医疗、住房、退休等方面的各种待遇和优惠以及寒暑假期的带薪休假。

5. 民主管理权

民主管理权是指幼儿园教师对幼儿园的保教工作、管理工作和教育行政部门的工作提出意见和建议，通过教职工代表大会或者其他形式，参与幼儿园管理的民主权利。其基本内容包括以下两点。

（1）幼儿园教师享有对幼儿园及教育行政部门工作的批评和建议权，这是宪法规定的"公民对任何国家机关和国家工作人员，有提出批评和建议的权利"的具体表现。

（2）幼儿园教师有权通过教职工代表大会、工会等组织形式以及其他适当方式，参与幼儿园的民主管理，讨论幼儿园发展、改革等方面的重大事项，进一步发挥主动性、积极性，树立当家做主的主人翁思想，以保障自身的民主权利和切身利益，推进园内的民主建设，提高幼儿园管理的效率和水平。

6. 进行培训权

进行培训权是指幼儿园教师参加进修或者其他方式的培训的权利。其基本内容包括以下两点。

（1）幼儿园教师有权参加进修和接受其他多种形式的培训，不断更新知识、调整知识结构，以提高自己的思想品德和业务素质，从而保障保育教育的质量。

（2）教育行政部门和幼儿园及其他教育机构应当采取各种形式，开辟多种渠道，保证教师进修培训权的行使。同时，教师进修培训权的行使，要在完成本职工作前提下，有组织有计划地进行，不得影响正常的保育教育工作。

（二）幼儿园教师的义务

幼儿园教师的义务，是指幼儿园教师依照《教育法》《教师法》及其他有关法律、法规，从事教育教学工作而必须履行的责任，表现为教师在教育活动中必须作出一定行为或不得作出一定行为的约束。它是由法律规定，并以国家强制力保障其履行。我国现行教育法规定幼儿园教师应履行以下义务。

1. 遵守宪法、法律和职业道德，为人师表

（1）幼儿园教师作为中华人民共和国的公民，必须遵守宪法、法律。幼儿园教师不仅应是模范遵守宪法和法律的表率，而且要在保育教育工作中，自觉培养幼儿的法治观念、民主意识，使每个幼儿都成为遵纪守法的好公民。

（2）幼儿园教师作为人类灵魂的工程师，应当遵守职业道德，由于幼儿园教师担负着培养下一代的任务，他们在传授科学文化知识的同时，对幼儿的思想品德、道德、法律意识的形成有着重要的影响。因此，幼儿园教师的职业道德，不仅是幼儿园教师自身行为的规范，也是

法律要求教师应尽的基本义务。

(3)幼儿园教师为人师表,对社会起着净化、表率的作用,对幼儿的成长有着潜移默化的影响,对整个国家的精神文明建设,也有着不可估量的作用。

2. 贯彻国家的教育方针,遵守规章制度,执行幼儿园的保教工作计划、履行教师聘约、完成保教工作任务

(1)幼儿园教师在保教工作中,应当全面贯彻国家关于教育必须为社会主义现代化建设服务,必须与生产劳动相结合,培养德、智、体等方面全面发展的社会主义事业的建设者和接班人的方针,对幼儿进行全面指导。

(2)幼儿园教师应遵守教育行政部门和幼儿园制定的保教工作计划,完成保教工作任务。

(3)幼儿园教师应当履行聘任合同中约定的保育教育职责,完成职责范围内的保育教育任务。

3. 按照国家规定的保育教育主要目标,通过活动对幼儿进行形象的爱国主义、民族团结教育、法治教育,组织、带领幼儿开展有目的、有计划的教育活动

这是对幼儿园教师从事保育教育工作内容方面的全面规范,其基本内容包括以下四个方面。

(1)培养幼儿良好的生活习惯、卫生习惯和参加体育活动的兴趣,促进幼儿身体正常发育和机能的协调发展,增强幼儿体质。

(2)激发幼儿有益的兴趣和求知欲望,培养幼儿运用感官和语言交往的基本能力以及初步的动手能力。

(3)萌发幼儿爱家乡、爱祖国、爱集体、爱劳动、爱科学的情感,培养幼儿良好的品德行为习惯。

(4)培养幼儿初步的感受美和表现美的情趣与能力。

4. 关心、爱护全体幼儿,尊重幼儿人格,促进幼儿在品德、智力、体质等方面全面发展

人格尊严是宪法赋予公民的一项基本权利,由于幼儿在教育活动中居于受教育者的地位,其人格尊严往往容易受到侵犯,尤其是对有缺点错误的幼儿,幼儿园教师更应给予特别关怀,使他们也能健康地成长,绝不能采取简单粗暴的办法,不能侮辱、歧视他们,不能泄露幼儿隐私,更不能体罚和变相体罚幼儿。

5. 制止有害于幼儿的行为或者其他侵犯幼儿合法权益的行为,批评和抵制有害于幼儿健康成长的现象

这一义务有两方面含义。

(1)幼儿园教师制止的范围是特定的。主要指幼儿园教师在幼儿园工作和与保育教育工作相关的活动中,对侵犯其所负责教育管理的幼儿合法权益的违法行为给予制止。

(2) 幼儿园教师批评和抵制的范围是一般意义上的。保护幼儿的合法权益和身心健康,是全社会的责任。幼儿园教师自然更负有义不容辞的义务。因此,幼儿园教师对社会上出现的有害于幼儿身心健康成长的不良现象有义务进行批评和抵制。

6. 不断提高思想政治觉悟和教育教学水平

教育教学工作是一项较强的专业性工作。担负着提高民族素质的使命,这就要求教师不断学习,加强自身的思想道德修养,使其保持较高的思想政治觉悟和教育教学专业水平,以适应教育教学工作需要。

三、幼儿园与教师的法律关系

1. 幼儿园与教师的行政法律关系

在幼儿园内部,园方与教师之间的关系既有通过行政任命的形式使用和管理教师的任命制的行政法律关系,又有双方地位平等,双向选择,各自具有相应权利与义务的聘任制的民事法律关系。

幼儿园和教师法律地位有一个共同点,那就是在很大程度上都是代表国家和社会的利益,带有公共性质。特别是当教师以教育者身份出现,其权利义务是不得随意放弃的。我国《教师法》及其相应的配套法规中,不仅规定教育行政部门及有关部门对教师工作进行指导、服务与监督,而且还就教师的资格、职务、职责等作出了具体的规定,并赋予了幼儿园代表国家行使管理权限的职能。《教师法》规定:"学校和其他教育机构根据国家规定,自主进行教师管理工作。"在这里,其他教育机构包括幼儿园,它实质上行使的是法律授权或教育行政机关委托对教师行使管理的职能。虽然幼儿园非行政机关,但由于有法律授权或行政机关的委托,加之本身就担负一定的教育管理职能,因此它与教师之间发生一定的教育行政关系。教师由于其职业的"公务"性质,有义务在工作中服从幼儿园的命令。幼儿园与教师的行政法律关系,还表现在幼儿园有权对有违法行为的教师给予行政处分或解聘。依据《教师法》的规定,教师有下列情形之一的,由所在学校、其他教育机构或者教育行政部门给予行政处分或者解聘:① 故意不完成教育教学任务,给教育教学工作造成损失的;② 体罚学生,经教育不改的;③ 品行不良,侮辱学生,影响恶劣的。在这里,幼儿园执行《教师法》的规定,因处理教师失职行为而与教师之间发生的关系,就是教育行政法律关系。值得指出的是,幼儿园的这种行政管理职能的权限必须受到有关法律的确认和制约。幼儿园在对教师进行管理时,不能侵犯教师的合法权益,否则,将承担相应的法律责任。

2. 幼儿园与教师的民事法律关系(聘任关系)

《教师法》规定,我国逐步实施教师聘任制。这是适应社会主义市场经济发展和教育改革的需要,在教师管理制度上的一项重大改革。长期以来,我国的教师是作为国家干部来对待的,实行的是计划调配的方式,学校及其教育机构作为教育行政机关的附属物,执行的完全是国家的指令。这种教师管理制度虽曾为我国教育事业的发展起过积极的作用,但随着时间的推移,已逐渐赶不上改革开放的步伐,落后于时代的发展。于是教师聘任制应运而生。1986年,教师实行了专业技术职务聘任制,一些地区的幼儿园在此基础上进行了幼儿园内部体制改革,逐步走向规范化、科学化、法治化。

案　例

随意解除劳动合同

【案情】

2005年8月,吴月从江苏某校学前教育专业本科毕业后,参加高新区某幼儿园招聘考试并被录用。

2006年幼儿园与她签订了为期一年的《招聘教师聘用合同》。合同到期后,幼儿园又与吴月签订了2007年8月至2009年8月为期两年的《聘用合同》。2007年10月吴月结婚,年底怀孕后,单位通知她要解除劳动关系。2008年1月20日幼儿园要放寒假了,园领导对她说:"吴老师,你怀孕了准备怎么办? 要不回家休息?"吴月说,自己身体好,不用休息,愿意继续上班,但园领导没有答应。

新学期开学当天,吴月打电话给园领导要求上班。园领导说:"你已经有孕在身,不能胜任工作,幼儿园与你解除劳动合同。"这以后,吴月多次打电话给幼儿园领导,要求上班,但都遭到园领导的拒绝。

自2008年2月起,吴月就再也没有领到幼儿园发的工资。

万般无奈的情况下,吴月于2008年6月向区劳动争议仲裁委员会递交了《仲裁申请书》,请求裁决幼儿园继续履行劳动合同;支付寒假以来至今的工资报酬,并加付25%经济补偿金;支付自2005年8月以来工资不足的差额,并加付25%经济补偿金;支付自2005年8月以来寒暑假工资不足的差额,并加付25%经济补偿金;办理各项社会保险;支付双休日特长班津贴,并加付25%经济补偿金。

吴月在案件审理过程中自己写了一份申请,内容是:在劳动仲裁部门的调解下,幼儿园愿意恢复劳动关系,让自己去上班,但因精神压力较大,自己已临近生产,要求解除劳动合同,在家待产。

2008年7月,高新区劳动争议仲裁委员会作出裁决:

(1) 解除幼儿园与吴月的劳动关系;

(2) 幼儿园为吴月补缴2005年8月至2008年7月间的各项社会保险;

（3）幼儿园支付吴月 2008 年 2 月至 6 月间的工资；

（4）驳回申诉人其他仲裁请求。

【分析】

《劳动法》第二十九条规定："女职工在孕期、产期、哺乳期内，用人单位不得与劳动者解除劳动关系。"园方违反《中华人民共和国劳动法》第二十九条的规定。《中华人民共和国妇女权益保障法》第二十六条规定，任何单位不得以结婚、产假、哺乳等为由，辞退女职工或者单方解除劳动合同。《女职工劳动保护规定》第四条规定，不得在女职工怀孕期、产期、哺乳期降低其基本工资，或者解除劳动合同。本案中，吴月在怀孕后要求上班被园方口头通知解除劳动合同，幼儿园的做法显然侵犯了她的合法权利。

关于吴月的劳动合同期限问题，《关于贯彻执行〈中华人民共和国劳动法〉若干问题的意见》第三十四条规定：除《劳动法》第二十五条规定的情形外，劳动者在医疗期、孕期、产期和哺乳期内，劳动合同期限届满时，用人单位不得终止劳动合同。劳动合同的期限应自动延续至医疗期、孕期、产期和哺乳期期满为止。也就是说，若吴月不主动解除劳动合同，园方与她的劳动合同期限应自动延续至孕期、产期和哺乳期期满为止。

为什么仲裁机关裁决幼儿园与吴月解除劳动关系呢？因为吴月在案件审理过程中写的一份申请，她不愿意保持劳动关系，仲裁结果当然无不妥之处。

第三节　幼儿园其他工作人员

一、幼儿园工作人员概述

（一）幼儿园工作人员的配备

1979 年 10 月中共中央、国务院在转发的《全国幼托工作会议纪要》（以下简称《纪要》）的通知中，要求全国重视幼儿园工作人员的队伍建设，"提高保教人员的政治觉悟和业务水平"。《纪要》提出"建设一支又红又专的保教队伍"，不仅对幼儿师范教师、幼教科研人员和幼教行政干部的培养提出了要求，而且对幼儿园应配置的幼儿教师、保育人员、医务人员，以及托幼园所的所长、园长的培训和培训目标，都提出了具体要求。同年，教育部颁发的《城市幼儿园工作条例（试行草案）》，还专门列出"教养员、保育员和其他工作人员""组织、编制及设备"等章节，对幼儿园园长、教养员、保育员、医务人员、炊事员、财会人员及其他人员的设置、编制、任务和培训要求作出了明确的规定。

《幼儿园工作规程》第七章，在总结我国幼教经验的基础上，根据当前幼教发展的趋势和

对幼儿园的要求,对幼儿园园长、教师、保育员、医务人员、事务人员、炊事员和其他工作人员的编制、基本条件、资格、职责以及奖惩都作了具体明确的规定。

(二)国家对幼儿园工作人员的基本要求

新中国成立以来,我国教育法规文件多次从不同方面对幼儿园工作人员提出了要求。根据幼儿教育的实践和需要,《幼儿园工作规程》第三十九条规定了幼儿园包括园长、教师在内的全体工作人员的基本要求,即"贯彻国家教育方针,具有良好品德,热爱教育事业,尊重和爱护幼儿,具有专业知识和技能以及相应的文化和专业素养,为人师表,忠于职责,身心健康"。

(1)拥护党的基本路线。"一个中心、两个基本点"的基本路线,已经由我国社会实践证明是符合国情、顺乎民心的路线,是引导我国建成社会主义的唯一正确的路线,是我们党和全国人民的生命线。坚持它,拥护它,我们才可能实现现代化建设的宏伟蓝图,才能完成时代赋予我们的历史使命。

(2)热爱幼儿教育事业。这是幼儿园每个工作人员爱国家、爱民族、爱集体、为人民服务的具体表现,是倡导爱岗敬业、加强职业道德建设的重要内容。

(3)爱护幼儿。这是幼儿园工作人员耐心细致地做好保教工作的前提。幼儿园工作人员只有对自己从事的工作和服务的对象充满热情、充满爱心,才能焕发出无穷的力量,做好本职工作,才能既面向全体幼儿,又能注重个别差异,才能注意耐心教育,因势利导,以身作则,为人师表。

(4)努力学习专业知识和技能,提高文化和专业水平。这是幼儿园每个工作人员不断充实自己,提高文化业务素质的重要条件。特别是当前,新知识、新成果、新经验不断涌现,只有不断汲取新知识,不断掌握新本领才可能更新思想、树立正确的教育观、儿童观和保育、教育相结合的基本观念,也才可能有所作为,有所发展,有所创新。

(5)品德良好,为人师表,忠于职责。这既是我国精神文明、优良传统的体现,也是培育幼儿的需要。幼儿的模仿性很强,成人品德良好,举止文明,时时、事事、处处做出好榜样,才可能使幼儿耳濡目染,潜移默化,养成良好的行为习惯,形成美好的道德情操。

(6)身体健康。这对幼儿园工作人员来说,具有特殊意义。工作人员坚持定期的体检,新来的工作人员必须先通过严格的体检。这不仅保证了他们个人健康的生活和工作,而且也保障了幼儿的健康在园内不受威胁。

二、幼儿园其他工作人员的任职条件

除园长、教师外,幼儿园还有其他工作人员,如保育员、医务人员、事务人员、炊事人员和其他工作人员。他们不仅要符合《幼儿园工作规程》规定的基本要求,还需具备其他具体的任职要求。

（一）保育员

保育员是在幼儿园里主要负责幼儿的卫生保健、生活管理的人员。国家要求保育员具备高中毕业以上的学历,受过幼儿保育职业培训,能履行幼儿保育员的职责。

幼儿卫生保健和幼儿生活管理,涉及幼儿卫生学、幼儿教育学和幼教心理学的很多基本知识和技能。因此,保育员除了符合国家规定的基本要求外,还必须具备一定的文化知识基础,才能更好地理解、掌握上述学科的有关知识和技能。把保育员的学历限定在高中毕业以上,这保证了保育员基本的文化素质。同时,保育员只有受过幼儿教育职业培训,才能较好地履行职责。

（二）医务人员

规模较大的幼儿园和寄宿制幼儿园的医务人员,一般包括医生、医士和护士。按《幼儿园工作规程》的规定,医师应该按国家规定,取得医师资格。医生和护士应当具备中等卫生学校毕业的学历,或者获得卫生行政部门资格认可。

规模较小的幼儿园的医务人员通常是保健员。按国家的规定,他们应当具备高中毕业的学历,并且受过幼儿保健专业的培训。

幼儿园的医务人员服务的对象是幼儿,幼儿园的卫生保健、幼儿的计划免疫和疾病防治直接关系着幼儿的身体健康,因此,对幼儿园医务人员在文化水平、专业知识和能力上,必须有严格要求,才能保证卫生保健工作的质量。

（三）事务人员

事务人员包括幼儿园的会计、出纳、采购员、炊事员、门卫等。他们各自担负着幼儿园某一个方面的工作,同样是幼儿园的重要力量。他们除了应该符合《幼儿园工作规程》对幼儿园工作人员提出的基本要求外,有关任职要求,应该参照政府的有关规定执行。

三、幼儿园其他工作人员的岗位要求

（一）保育员的岗位要求

按照《幼儿园工作规程》的规定,保育员应做好以下四个方面工作。

（1）负责本班房舍、设备、环境的清洁卫生和消毒工作。其中包括房舍、设备、玩具教具、生活用品的清洁卫生,定时开窗换气,保持室内空气流通。

（2）在教师指导下,科学照料和管理幼儿生活,并配合本班教师组织教育活动。幼儿园

工作人员应该敬业爱生。保育员、教师成天和幼儿在一起,热爱幼儿、尊重幼儿、照料幼儿、保护幼儿尤为重要。要搞好幼儿生活管理,保育员就要不怕苦,不怕累,不怕脏,不怕烦,全心全意地看护、照料幼儿。要配合教师搞好教育活动,就要牢固树立保教结合的观念,配合教师确定的教育活动计划,在幼儿一日生活各个环节中,注意观察幼儿,照看幼儿,开展随机教育,与教师共同培养幼儿良好的品德行为习惯和卫生习惯。

(3) 在卫生保健人员和本班教师指导下,严格执行幼儿园的安全、卫生保健制度。幼儿园的安全防护、卫生消毒、卫生保健制度的贯彻落实,常常要依靠各个班保育员的细致工作。防失火,防触电,防走失,防摔伤、烫伤、砸伤,防溺水,防吞食异物,防幼儿将异物塞入耳、鼻、口中,都得保育员、老师多加操心。此外,幼儿茶杯、餐具的消毒,饭前便后的洗手,饭后漱口,饮水的及时提供,甚至幼儿的大小便,都要保育员提醒。

(4) 妥善保管幼儿衣物和本班的设备、用具。这既是对物品的珍惜,也是对幼儿的无声教育。幼儿经常在保育员身边,保育员对物品、设备的爱护和摆放整齐,对幼儿具有潜移默化的作用。尤其是当前,许多幼儿家庭的生活逐渐富裕起来,对物品爱惜不够。作为育人机构的工作人员,应该为幼儿、甚至为家长树立勤俭节约的良好榜样。

某示范幼儿园保育员的主要工作

1. 晨间清洁卫生

(1) 每天 7 点半开窗通风,冬季开窗 15 分钟。

(2) 检查幼儿的茶杯。准备保温桶的幼儿饮用水。可在前一天晚上放入开水,以使第二天有饮用的温开水。水温要符合幼儿安全,以滴在成人手背上不烫为宜,如开水过烫则要开盖降温。

(3) 湿扫湿抹。先用清水将窗沿、桌面、玩具柜擦一遍,然后再用消毒液擦一遍,最后把地面、走廊拖一遍。

(4) 最后整理。做到不凌乱,杂物不乱放。

(5) 盥洗室的准备。为幼儿备好洗手的肥皂,检查幼儿擦手的毛巾是否齐全。

(6) 厕所的清洁卫生。先用清水冲洗一遍,然后用消毒液再刷一遍。

2. 晨间接待

(1) 配合教师做好接待工作。

(2) 做到穿戴整齐,仪表整洁、大方,热情接待。与家长做简短交谈,了解幼儿在家的情况。检查幼儿的口袋。

(3) 对患病的幼儿或情绪不好的幼儿要特别关照。

(4) 组织幼儿擦椅子,指导幼儿擦,但不要过多地干涉和过多地要求。这一点根据情况来做,不一定每天都擦。

3. 幼儿户外活动中的保育护理

(1) 幼儿户外活动每日不少于2小时。

(2) 保育员注意观察每一个幼儿,注意幼儿使用的活动器具的安全。幼儿衣服不宜穿得过多。安排幼儿按顺序玩,不要拥挤和推打。

(3) 幼儿在户外活动中,保教人员要全神贯注,不得随意离开幼儿,也不要聚在一起聊天。

(4) 做操时,保育员要关心幼儿的情绪等。

(5) 保育员负责做好活动后的整理和安全防护工作。

4. 大小便习惯的培养

(1) 为幼儿准备敞开式的、清洁卫生的、安全符合幼儿特点的盥洗和如厕设备。进食前或如厕前后必须用肥皂洗手。

(2) 组织幼儿盥洗时要维持好幼儿的秩序。

(3) 注意观察幼儿大小便情况,如有异常要及时记录并向保健教师汇报。

(4) 保教人员在处理完幼儿的大小便后要用肥皂洗手。

5. 盥洗

(1) 养成幼儿手脏、进食前、大小便后用肥皂洗手的习惯。洗手时教幼儿怎样卷袖子或往上拉。

(2) 洗手时手心、手背、手指缝到手腕关节活动处都要洗。先用流水淋湿手心、手背等处,然后抹上肥皂,双手心须搓出肥皂泡后用流水冲洗干净,洗完双手后将小手在水池内甩三下,防止水滴在地上,用自己的毛巾擦干双手。保教人员要帮助年纪较小的幼儿拉下袖子。

(3) 保教人员要帮助不会洗手的幼儿洗手。

(4) 对幼儿大便拉在身上或腹泻的幼儿,大便后先换下弄脏的衣裤,然后用便纸擦干净幼儿屁股,再用温水给幼儿清洗。洗屁股的盆要专用,每次用后消毒备用。洗屁股时由前往后洗,也可用水壶冲洗。

(5) 给幼儿盥洗时,动作要轻柔,语言要和蔼可亲,不要留长指甲或戴容易擦伤幼儿皮肤的戒指。对大便在身上的幼儿不能训斥或埋怨,以免增加幼儿的心理负担。

6. 早点的安排

(1) 幼儿的早点工作由保教人员相互配合,各尽其责,教师负责组织幼儿有序地上厕所、洗手,保育员负责点心的准备。

（2）保育员做好早点前的桌面消毒。

（3）倒牛奶时，保育员必须到每个幼儿位子上去倒。一次不能倒得太多，以杯子的一半为好，并注意第二次添加。

（二）医务人员的岗位要求

按照《幼儿园工作规程》的要求，幼儿园卫生保健人员要对全园幼儿身体健康负责，要做好以下六个方面的工作。

（1）协助园长组织实施有关卫生保健方面的法规、规章制度，并监督执行。医务人员首先要协助园长做好宣传工作，落实《托儿所、幼儿园卫生保健制度》，提高全园工作人员认识水平；其次，要协助园长把卫生保健工作的要求落实到人，做到有分工，有合作。最后，执行制度要严格，要做到制度的检查经常化。

（2）负责指导调配幼儿膳食，检查食品、饮水和环境卫生。食物是幼儿赖以生长、发展的基础。要帮助幼儿园的炊事员制定带量食谱。指导荤素搭配，科学烹调，保证提供的营养能满足幼儿生长需要。幼儿园里幼儿众多，加上他们器官柔嫩，抵抗力差，食品、饮水的卫生，环境的卫生丝毫不能马虎。医务人员要指导炊事员严格执行《食品安全法》，严格执行卫生消毒制度，防止食物中毒，防止传染病的流行。

（3）负责晨检、午检和健康观察，做好幼儿营养、生长发育的监测和评价；定期组织幼儿健康体检，做好幼儿健康档案管理。

（4）密切与当地卫生保健机构的联系，协助做好疾病防控和计划免疫工作。医务人员应该防患于未然。和地方卫生保健机构保持密切的联系，既能及时得到情报，又可以及时开展预防接种，防止和减少传染病的产生和蔓延。

（5）向幼儿园教职工和家长进行卫生保健宣传和指导。普及卫生保健知识，是幼儿园工作的需要，也是整个社会精神文明建设的需要。不少幼儿园的医务人员，为了抓好这一工作，在幼儿园里为全园同志、为家长举办专题讲座，出卫生保健专栏，召开家长会，进行家庭访问，通过多种形式，宣传营养保健、防治疾病、培养幼儿生活卫生习惯等方面的知识和做法，对幼儿、家庭、幼儿园，甚至对社会都有很好的作用。

（6）妥善管理医疗器械、消毒用品和药品。这首先要求医务人员要有高度的责任心，爱护和保管好公共财产。其次，医务人员工作作风要严谨，医务室的消毒用品和药品不能随意放置。特别是药品的乱放，容易造成错发、错吃，影响幼儿的健康。幼儿园要严禁此类事件的发生。

幼儿园除园长、教师、保育员、医务人员外，其他工作人员的职责可以参照政府的有关规定，并结合幼儿园特点制定、执行。

案 例

老师打聋幼儿

【案情】

　　某幼儿园在一次游戏活动中，一名幼儿很调皮，故意去撞其他小朋友。小朋友们纷纷向王老师"告状"，其中有个小女孩还哇哇大哭。王老师非常生气，打了那个调皮的幼儿一巴掌。谁知，第二天该幼儿家长找到幼儿园，反映幼儿的耳朵前一天被王老师打聋，正在医院治疗。经过协商，王老师支付了全部医疗费。该幼儿被鉴定为轻伤，该家长以刑事附带民事诉讼控告了王老师。之后，王老师被判拘役5个月，缓刑8个月。为此，该幼儿园和有关部门正在研究对王老师的处分。试问：该教师是否会丧失教师资格？

【分析】

　　一名教师，尤其是幼儿教师，应该热爱幼儿，关心幼儿，对幼儿有足够的耐心，处理教育教学中偶发事故应冷静，仔细分析事情背后的原因，机智地处理问题，并耐心细致地对幼儿加以引导和教育，坚决抵制体罚幼儿的行为。王老师的教训值得每位教育工作者反思。

　　《教师法》第十四条规定："被剥夺政治权利或者故意犯罪受到有期徒刑以上刑事处罚的，不能取得教师资格，已取得教师资格的，丧失教师资格。"我国刑法规定的法定主刑种有管制、拘役、有期徒刑、无期徒刑、死刑五种，其中拘役的处罚程度低于有期徒刑。从上面的情况看，王老师犯故意伤害罪后，只受到拘役5个月缓刑8个月的处罚，并未受到剥夺政治权利或者有期徒刑以上的刑事处罚，依法不应丧失教师资格。但我国实行教师资格和教师职务分离制度，保留教师资格不等于继续被聘用教师职务。

　　《教师法》第三十七条规定："教师有下列情形之一的，由所在学校、其他教育机构或教育行政部门给予行政处分或解聘：（一）故意不完成教学任务给教学工作造成损失的；（二）体罚学生，经教育不改的；（三）品行不端，侮辱学生，影响恶劣的。"

　　我们相信，只要王老师能积极认识并改正自己的错误，幼儿园和有关部门会对其从宽处理的。

【建议】

　　1. 教育工作是一项付出爱的工作，幼儿园教师更应充满了爱心去对待每一个幼儿。无论怎样调皮的小孩，作为教师都不能以体罚来代替教育。

　　2. 教师应学习相关的法律法规，明白体罚学生是一件违法甚至是犯罪的行为。

思考题

1. 国家教师制度主要是指哪几种? 教师聘任制度有哪些特征? 幼儿园对教师考核的主要内容有哪些?

2. 如何全面理解幼儿园教师的法律地位? 幼儿园教师享有哪些权利? 应履行哪些义务?

3. 幼儿园其他工作人员的任职要求、岗位要求是什么?

附录　案例分析十例

案例1　女教师流产依法也有休假

【案情】

吴老师目前任职于苏州某一民办幼儿园,婚后怀孕3个月,经妇女保健医院的产检发现,胎儿发育状况异常,建议要进行人工流产。吴老师遵照医嘱,进行了人工流产手术,术后医生嘱咐她要全休15天的时间。但吴老师听别人说产妇有三个多月的产假,所以向幼儿园提交了三个月的产假申请。

幼儿园认为吴老师的流产属于自行终止妊娠行为,不应该享受法律规定的产假待遇,所以按照医嘱,只同意让吴老师休假15天,并且这15天的工资将按照病假工资标准发放。吴老师认为园方的做法不符合国家的规定,就向劳动管理部门提起了劳动仲裁。

【分析】

这是一桩因人工流产请假而引发的纠纷,吴老师的认识有误,幼儿园的做法也有问题。

根据国务院《女职工劳动保护特别规定》第七条规定:"女职工怀孕未满4个月流产的,享受15天产假;怀孕满4个月流产的,享受42天产假。"

根据这个规定,吴老师并不能主张三个月的产假,人工流产的休假不能等同于正常的产假;幼儿园应给予吴老师15天的休假,而且这15天的工资应当照常发放。

【建议】

1. 幼儿园女老师居多,应当多了解相关的法律法规及政策。

2. 广大女老师要准确理解和运用法律规定,依法维权,同时也不要过度维权。

案例2　女教师产检，扣工资违法

【案情】

　　小王老师从幼儿师范学校毕业后进入一家民办幼儿园工作，去年结婚今年怀孕。怀孕后王老师根据医生的要求，定期要到妇保医院进行产前检查，所以每一两周就要向单位请一次假，让其他老师顶班。幼儿园园长认为，王老师利用工作时间进行产检，应该按照病假的情况处理，所以她做产检那天的工资是按照病假工资标准给的。而且根据幼儿园的管理制度，如果王老师在本季度中累计请假天数超过十天，还要扣发这一季度的奖金。

　　产检涉及下一代的健康，在提倡优生优育的当今，产检必须要做，但是每次产检都要请假，因此扣工资、扣奖金不仅影响王老师的个人收入，也在很大程度上影响了她的情绪。那么，幼儿园的做法是否有依据呢？

【分析】

　　这是一件女老师做产检而遭受扣发工资奖金的争议案，幼儿园的做法是错误的。

　　根据国务院《女职工劳动保护特别规定》第六条："怀孕女职工在劳动时间内进行产前检查，所需时间计入劳动时间。"所以，幼儿园的做法显然属于违法行为，幼儿园的相关管理制度也违背了国家的规定，应该纠正。小王老师完全可以根据相关规定向幼儿园的主管部门、劳动部门或妇联等有关部门反映，要求补回自己的经济损失，维护自己的合法权益。

【建议】

　　1. 幼儿园在制定相关管理制度时，要考虑国家及地方的相关法律法规，不能与之冲突。

　　2. 女老师在进行产前检查时，应该按照园方的考勤管理规定，履行必要的请假手续，并注意留存相关诊疗记录，避免因为程序和证据问题，影响自己孕期合法劳动权益的维护。

案例3　侵权微信公众号，赔偿作者三万元

【案情】

　　小陆是一位70后的幼儿园老师，爱好摄影，在苏州摄影圈中小有名气。陆老师花了一年多的时间，蹲守在苏州多处景点延时拍摄2万多张照片，最终创作出一部震撼人心的延时摄影作品《大美苏州》。他将作品上传到网络，一时间引起了苏州网友们的刷屏，大家纷纷转发为其点赞叫好。

　　不多久，陆老师就在朋友圈看到某微信公众号制作的《你可知道苏州的美》网页，网页中

加载的赫然就是自己的作品,阅读量还很惊人!原来公众号的管理人员无意间发现了陆老师的延时摄影作品,觉得非常符合这期的主题,便将作品重命名为《你可知道苏州的美》上传了,由于时间紧张,也没有来得及找到作者。

陆老师要求微信公众号立即删除其发布的作品,并要求赔偿道歉。然而微信公众号方面称,擅自使用陆老师的摄影作品的做法确实欠妥,可公众号并没有以营利为目的,反而对陆老师的作品的推广起到了促进作用。"这是我辛苦一年多的成果,还有没有著作权可言?"陆老师觉得很气愤,"我把自己的作品传到网上,只是为了和朋友记录、分享美景。可是像这种不打声招呼直接使用的,还随意更改署名,我绝对不允许。"最终,微信公众号同意将网页删除,但拒绝道歉赔偿,于是陆老师将该微信公众号的营销公司告上法庭。

近日,法院开庭审理了此案。经调解,原被告双方达成协议,由微信公众号的营销公司一次性赔偿原告陆老师3万元。

【分析】

这是一起由微信公众号引发的纠纷案。随着现代通信技术的高速发展和网络在我国的普及,微信已经进入寻常百姓家,给大家带来了前所未有的方便,提高了办事的效益,但是使用不当,也会带来麻烦的。

本案中,被告微信公众号方未经原告陆老师的许可,擅自使用了原告的作品,上传在网页中用于微信号的推广,侵犯了原告陆老师享有的信息网络传播权。所谓信息网络传播权,是指以有线或者无线方式向公众提供作品、表演或者录音录像制品,使公众可以在其个人选定的时间和地点获得作品、表演或者录音录像制品的权利。

如今微信平台逐渐兴起,为了赚取阅读量、转发量,常常会使用未经授权的图文资料,使得侵权状况频发。本案的处理还是较为妥当的。

【建议】

1. 幼儿园教师要敢于利用法律赋予的权利,维护自己的各种合法权益。

2. 个人或学校利用微信平台时要遵守法律法规,使用获得授权的图文资料或者原创资料,不能侵犯他人的合法权益,否则将承担相应的法律责任。

(资料来源:赵晨民,王玥.擅用他人作品构成侵权[N].姑苏晚报,2015-12-16(A07).)

案例4 幼儿将人推倒致伤,由谁承担责任?

【案情】

某幼儿园中班课间操时间到了,李老师带着中一班的小朋友向操场走去。一个小朋友被自己的鞋带绊了一下,差点摔倒,老师连忙去扶,并拉小朋友到队伍外系好了鞋带。小明趁老师忙的时候,抓了一把小伟的衣服。小伟向老师告状,老师严厉地批评了小明,要求他走路注意力集中,更不能阻碍其他小朋友走路。说完,老师转身向队前走去。小明此时心有不忿,突然从身后用力推了小伟一把,小伟的头被摔破了,缝了三针。

事故发生后,小伟的家长要求幼儿园和小明的家长共同承担赔偿责任。但幼儿园认为自己不存在过错,不应该承担损害赔偿。而小明的家长则认为,孩子在幼儿园将人推倒致伤,是李教师监管不力造成,应该由幼儿园负全责。

【分析】

本案例是关于幼儿在幼儿园教育教学活动中发生伤害事故法律责任的认定问题。

根据《学生伤害事故处理办法》(以下简称《办法》)第八条规定:"学生伤害事故的责任,应当根据相关当事人的行为与损害后果之间的因果关系依法确定。因学校、学生或者其他相关当事人的过错造成的学生伤害事故,相关当事人应当根据其行为过错程度的比例及其与损害后果之间的因果关系承担相应的责任。当事人的行为是损害后果发生的主要原因,应当承担主要责任;当事人的行为是损害后果发生的非主要原因,承担相应的责任。"该《办法》第十条第(二)项规定:"学生行为具有危险性,学校、教师已经告诫、纠正,但学生不听劝阻、拒不改正的",造成其他学生伤害,学生或者未成年学生监护人应承担相应责任。

结合这起事故来看,幼儿小明的行为与小伟受损害的后果之间有直接的因果关系,小明是伤害事故的责任者。李老师在发现小明和小伟之间发生纠纷打闹时,及时劝阻了幼儿间的不当行为并进行了教育,尽到了管理教育职责,小明事后报复伤人是她无法预见和制止的突发行为,故教师和园方在幼儿伤害事件中已履行了相应职责,行为并无不当,并无过错,故无需负法律责任。这起幼儿间的伤害应由致害人承担责任。造成伤害发生的幼儿小明是无民事行为能力人,因此应由小明的监护人承担民事损害赔偿责任。

【建议】

1. 幼儿园应加强对幼儿进行友爱教育,通过开展各类适合幼儿的活动,帮助幼儿社会性的良好发展,指导孩子掌握合理解决矛盾的人际交往方法。

2. 在日常生活中,家长也应密切注意幼儿的行为,发现幼儿有危险行为或举动时必须及时有效地制止,并进行教育。

3. 对多动、攻击性强、多次教育效果不好的孩子,教师要协同家长多想办法,共同做好教育工作。

案例5　幼儿园校车闷死幼儿案

【案情】

2012年7月31日上午8时30分,两岁半的涵涵在家里吃完早餐后高高兴兴地被家人送上幼儿园的接送车。当天,涵涵是最后一个被接上车的孩子,坐在副驾驶位置上。之后,接送车返回幼儿园,十来个孩子依次从车上下来,没有人注意到还有人留在车里。幼儿园负责人兼校车司机朱雷将车停在院子里,也没有清点人数便锁上车门离开。随车接送孩子的老师王亚萍把车接来的孩子们分别交给各班老师。"因为车座后背较高",王亚萍没有留意到仍留在车内的涵涵。王亚萍和涵涵的代班老师都没有清点人数。

下午4时,送孩子们回家的时间到了。朱雷打开车门,发现涵涵躺在副驾驶车座上,在高温烘烤下浑身是汗,已经休克,赶紧喊人把孩子送到了医院。

下午5时,涵涵的妈妈突然接到幼儿园打来的电话,说孩子因为中暑被送到医院治疗。夫妻俩匆匆赶到医院时,发现躺在抢救室里的孩子早已没有了呼吸。

【分析】

新城区教育局作为幼儿园的主管部门,认定事故是由幼儿园在安全管理过程中的人为疏忽所导致。

教育局分析三个因素:第一,随车的王亚萍老师违反当地教育部门制定的《新城区教育系统安全工作检查控制表》中"每车次要检查滞留学生"的要求,同时,没有认真做好相应交接工作及检查记录工作;第二,幼儿园负责人兼校车司机朱雷未能在锁车门之前做好车厢内滞留学生情况的核查工作;第三,班主任老师没有认真做好缺席幼儿的跟踪了解情况工作,在涵涵没有到班上课的情况下,未致电其家长询问情况。

教育局结论:正是由于这3个连环的疏忽,直接导致了涵涵的死亡。

《民法典》第一千一百九十九条规定:"无民事行为能力人在幼儿园、学校或者其他教育机构学习、生活期间受到人身损害的,幼儿园、学校或者其他教育机构应当承担侵权责任;但是,能够证明尽到教育、管理职责的,不承担侵权责任。"本案中,幼儿园管理上有明显的过错,因此,幼儿园应对其管理过错造成的损害后果承担民事赔偿责任。

《民法典》第一千一百七十一条规定:"二人以上分别实施侵权行为造成同一损害,每个人的侵权行为都足以造成全部损害的,行为人承担连带责任。"二人以上分别实施的数个行为造成了同一损害后果的,应当根据过失大小或者原因比例各自承担相应的赔偿责任。根据法律的要求,幼儿园及幼儿园负责人朱雷、跟车老师王亚萍及班主任老师,在刑事责任之外,还应按比例承担各自的民事责任。

据陕西省西安市公安局新城分局太华路派出所调查,出事幼儿园前身是"西安市水泥制管厂幼儿园",案发5年前被朱雷承包,但过户手续一直未办,也没有通过教育部门审批,根本不具备开园资格。当年5月,教育部门曾在检查中发现这个幼儿园办学条件、师资均不符合标准,责令其关园整顿。在接到关停整改令后,它依然运营,并最终导致了悲剧的发生。

【建议】

1. 设立幼儿园要符合相应的资质条件。
2. 幼儿园及其工作人员要加强安全责任意识。

案例6 幼儿被偷走,幼儿园是否承担全部责任?

【案情】

齐老师是某幼儿园幼一(3)班的主班老师,某天中午幼儿休息时间轮值。幼儿沛沛要上卫生间,齐老师前去陪护、指导。这时,新入园的幼儿闹闹起来,看老师不在,就走出了教室。这时候,幼儿园的办公室里园长正在给部分老师开会,门关着。门卫张师傅正在让来访的家长登记。闹闹走到了幼儿园的后门,见后门锁着,就哭起来。紧挨着后门的幼儿园围墙外边,站着一位漂亮的阿姨。她热情地哄着闹闹,并弯腰越过不高的幼儿园外墙,抱出了闹闹。齐老师陪沛沛从卫生间回来后,看见闹闹的铺位空着,赶紧前后找起来,并同时报告了园长。园长紧急组织不值班的老师沿着幼儿园向四处的街道找去,在西边的一个离幼儿园一站路的车站,找到了闹闹和抱着闹闹的妇女。幼儿园的老师抢过了闹闹,并将那个妇女扭送到派出所。

幼儿园在此事件中是否要承担责任?

【分析】

分析幼儿园是否应该承担责任,首先要弄清两个问题:一是幼儿园对本园幼儿承担义务的性质;二是幼儿园在什么情况下承担幼儿伤害事故中的法律责任。

《幼儿园管理条例》第三条规定:"幼儿园的保育和教育工作应当促进幼儿在体、智、德、美诸方面和谐发展。"《幼儿园管理条例》第十九条规定:"幼儿园应当建立安全防护制度,严禁在幼儿园内设置威胁幼儿安全的危险建筑物和设施,严禁使用有毒、有害物质制作教具、玩具。"《中华人民共和国未成年人保护法》第三十五条规定:"学校、幼儿园不得在危及未成年人人身安全、身心健康的校舍和其他设施、场所中进行教育教学活动。"

根据以上法律、法规可以确定幼儿园对幼儿的义务为教育、管理和保护义务。幼儿园与幼儿的关系不是监护与被监护的关系。新入园的闹闹在当班老师不知情的情况下独自走出教室,走到后门。幼儿园没有针对新入园幼儿自行走出教室设立防护和保护措施。闹闹是没有行为能力的未成年人,思维意识、判断能力正处于发育、成长时期,对其行为的后果缺乏正确判断,对此,可以认定幼儿园主观上有过错,应承担相应赔偿责任。齐老师忙于其他幼童的陪护,没有失职责任,但幼儿园针对新入园幼儿的防护措施不到位。幼儿走出教室后,幼教办公室内的老师没有发现,幼儿园门卫也没有发现,另外,幼儿园围墙较低,这些都是客观上造成闹闹被抱走的原因,幼儿园应该承担相应的责任。《民法典》第一千一百九十九条规定:"无民事行为能力人在幼儿园、学校或者其他教育机构学习、生活期间受到人身损害的,幼儿园、学校或者其他教育机构应当承担侵权责任;但是,能够证明尽到教育、管理职责的,不承担侵权责任。"根据过错原则归责,幼儿园应承担与其过错相应的赔偿责任,即损害赔偿额度应与幼儿园过错大小相联系。

【建议】

1. 针对幼儿初入园时易出走迷失的特点,教师在孩子入园前应通过上门家访、组织亲子活动等详细了解孩子的各方面情况,创造尽量多的机会和孩子相处,让孩子消除陌生和不信任感。

2. 在开学后的一个月左右的时间内,教师要经常清点幼儿人数,认真做好交接班工作,门卫特别要提高警惕,防止幼儿外溜。

3. 教师对易走极端的幼儿要注意及时地安抚、疏导,抑制其出走的苗头。

案例 7 幼儿游戏时受伤,幼儿园如何承担责任?

【案情】

某天上午,光明幼儿园的户外活动时间到了,中班的五个班级的孩子依次走出了教室,来到操场。操场是去年冬天刚铺上的人造草坪。户外活动的内容是在操场的彩虹跑道上进行20米接力赛。中(2)班的小朋友有10个人已经跑完了,在主班王老师的带领下,在跑道边上热情地鼓掌,鼓励后面的小朋友加油。突然,刚起跑几步的洋洋脚下一绊,摔倒在地。王老师赶快跑过来看,发现洋洋流血了。边上也正在进行接力赛的中(3)班的李老师赶忙跑过来帮忙。园领导赶快派主班老师和司机送孩子去医院处理,同时通知洋洋的家长往医院赶。突然,中(3)班的小朋友也叫起来,李老师赶去一看,她们班的琪琪在她去中(2)班帮忙的时候也绊倒了,下颌在不断地流血。送到医院,医生说下颌处摔破,缝合了3针。

洋洋和琪琪的父母认为,他们的孩子是在幼儿园发生的伤害,幼儿园应该承担孩子的全部医药费及家长的误工费、陪护费。那么,幼儿园是否应当承担洋洋和琪琪全部的医药费、家长的误工费、陪护费呢?

【分析】

洋洋和琪琪的受伤在责任归属上属于两种情况。

第一种情况,幼儿园中(2)班的王老师在场,洋洋的活动全部在老师的视线范围内,老师看到了洋洋摔倒的全过程。这种情况老师和幼儿园都没有责任,属于意外事件。因为孩子在活动中很难对自己的行为进行有效的控制,活动时不小心绊倒、相互之间碰撞以及其他的伤害都是不可避免的。而且,跑道的设置是安全的,幼儿园老师尽到自己的管理、保护之责,幼儿园无过错,不承担赔偿责任。

第二种情况,幼儿园中(3)班的李老师因为紧急帮助王老师救助洋洋,致使琪琪跑步的时候,没有尽到相应的管理、保护之责。这种情况李老师是有责任的,因为《幼儿园工作规程》明确规定了教师在正常的教学活动时间里,不能出现不请假而离岗、请人代岗的现象。教师如果在应在岗期间不在岗,未能了解事故发生的情况,出现事故没有采取有力措施进行抢救,不及时汇报,都应该承担相应的责任。《民法典》第一千一百九十九条规定:"无民事行为能力人在幼儿园、学校或者其他教育机构学习、生活期间受到人身损害的,幼儿园、学校或者其他教育机构应当承担侵权责任;但是,能够证明尽到教育、管理职责的,不承担侵权责任。"

【建议】

1. 首先,教师应对将要做的游戏有充分的估计,如游戏跑动较多、活动量较大,就应选择较宽敞的场地,且最好是软地垫的;其次,游戏前可和幼儿一起说说该游戏的危险之处,让幼儿有意识地控制、保护自己。

2. 加强对孩子身体的训练。许多时候孩子的意外受伤是由于动作发展不协调造成的。

3. 家长可以经常带孩子到户外玩各种体育游戏,锻炼宝贝跑、跳、钻、爬等动作。

案例8　偷走幼儿园接送卡,绑架男童案

【案情】

某天下午,杨女士去幼儿园接儿子,不料被老师告知,当天上午一男子持接送卡已将她儿子涛涛接走了。杨女士闻讯焦急万分,立即同家人四处寻找。但到了11月19日,儿子仍无下落,杨女士遂向派出所及刑警中队报案。刑警中队通过摸排,发现杨女士的儿子是被一个黑瘦、头发邋遢的男子接走的。19日上午,一男子让人给杨女士送来一张纸条,称其儿子在他手中。下午4时许,一男子打来电话要杨女士拿2万元钱,地点、方式随后另行通知。经查,该男子为25岁的韩向东,是西安蓝田人,此前暂住红庙坡附近的大白杨西村,以蹬人力三轮车卖杂货谋生。几天前,韩向东和熟人一起去过杨女士的家,他认为杨女士

家很有钱便滋生了恶念,并从杨女士家中偷走了幼儿园的接送卡,绑架了涛涛,企图勒索一笔钱财。

【分析】

此案例是因外来的侵害,幼儿被冒领接走引起的幼儿伤害事故。此类事故在幼儿园发生率最高,且往往伤害面大,程度严重,影响恶劣。本案中三轮车夫韩向东是造成伤害事故的主体,已交派出所,接受法律的惩处。杨女士保管接送卡不力,并且未及时发现接送卡丢失,为韩向东作案成功创造了条件。根据《中华人民共和国未成年人保护法》的规定,在幼儿园入托、中小学读书的未成年人是特殊的民事主体,因其年龄、智力、判断力的限制,作为未成年的监护人员负有严格的监管和保护义务,一旦发生侵害未成年人财产或人身权利的后果,而监护人未尽监护职责时,应承担责任。因此,本案中杨女士应承担此次事故的部分责任。本案中,幼儿园在接送孩子环节也存在过失:门卫管理不严,外来人员趁家长接孩子时人多混进幼儿园内;幼儿园只认接送卡不认人,外来人员拿着捡到或偷来的接送卡将孩子冒领;教师放松警惕,这些也是造成了幼儿伤害事故的因素。《民法典》第一千一百九十九条规定:"无民事行为能力人在幼儿园、学校或者其他教育机构学习、生活期间受到人身损害的,幼儿园、学校或者其他教育机构应当承担侵权责任;但是,能够证明尽到教育、管理职责的,不承担侵权责任。"本案中,幼儿园也应承担与其过错相应的赔偿责任。

【建议】

1. 幼儿园要实行接送卡制度,必须由固定接送人持卡接送,卡上只标明班级代码和幼儿编号,不出现幼儿姓名和照片,以防被对应照片冒领。

2. 对于非固定接送者来接孩子,包括亲戚朋友,教师要多留个心眼,无论是否有卡,都必须与原固定接送者取得联系(如打电话),并得到许可后方能让其接走。

3. 门卫应是50岁以下强健男性,经过安全保卫技能培训,并严格执行门卫制度,家长接送孩子时必须站在门口把关,无接送卡的人拒绝进园。对陌生人要严加查问,严防可疑人员进入,必要时还要预备一些防卫的器械。

案例9　洗澡遭偷拍,幼师学生起纠纷

【案情】

马东与张亮、许林是某幼儿师范学校的同班同学,三人均为该校的住宿生。学校的学生宿舍内设有卫生间,卫生间门的上半部分镶嵌了一面磨砂玻璃,该磨砂玻璃沾水后有一定的

透明度。某日晚,马东在宿舍的卫生间内洗澡时,其舍友张亮为好玩,就用水擦卫生间门上的磨砂玻璃偷看马东洗澡并大声起哄,马东拍了一下卫生间的铝合金门框让张亮离开。张亮笑着走开了,碰巧隔壁宿舍的许林过来玩耍,在得知马东正在洗澡后,许林走到卫生间门外,用拖把将门上的磨砂玻璃打湿,接着掏出手机开始隔着玻璃拍摄正在洗澡的马东,马东看到后大声呵斥,但许林并未停止拍摄。马东非常愤怒,情急之下就用手猛烈击打门上的磨砂玻璃,想要吓走许林,却不慎将玻璃击碎,导致手腕受伤大量出血。

许林见状赶紧拨打了120急救电话,并联系学校内的老师将马东送往医院治疗。治疗结束后,马东为本次事故共花费医药费近6万元,且因右手功能性障碍被鉴定机构评定为八级伤残。之后,马东多次向学校及张亮、许林索赔未果,故将上述人等一并起诉至法院,要求对其损失进行赔偿。

【分析】

法院受理案件后查明,马东因此次事故造成各项损失共计28万余元。办案法官认为,事故发生时,原告马东为被告幼儿师范学校的学生,学校对马东负有教育、管理的职责,而事发时卫生间门上镶嵌的磨砂玻璃未经任何安全防护处理,存在一定的安全隐患,故学校应对马东的损失承担一定的责任。

另一方面,原告马东受伤虽系其个人击打玻璃所致,但因当时被告许林意欲对正在洗澡的马东进行拍照,马东为保护个人隐私在阻止无效后情急之下拍打磨砂玻璃致右手受伤。许林的行为与马东受伤的后果存在一定的因果关系,故许林应对马东的损失承担一定的赔偿责任。

此外,马东在事故发生时虽为未成年人,但已满16周岁,其应当预见到自己徒手击打玻璃可能产生的损害后果,故其自身亦应承担一定责任。综上,法官最终判令学校承担60%的赔偿责任,许林承担20%的赔偿责任,马东自负20%的责任。

【建议】

1. 幼儿师范学校要加强法治教育,让学生懂得隐私的概念。

2. 作为未来教师的师范生,要有为人师表的意识,开玩笑要注意分寸。

(资料来源:张濛.学生偷拍室友洗澡[N].姑苏晚报,2015-12-14(A07).)

案例10　幼儿小区摔伤,物业公司有责

【案情】

红月亮幼儿园位于一小区内,小区内的很多居民为了方便,都把小孩送进小区内的红月

亮幼儿园。幼儿园外面,小区物业配置了不少健身器材,有成人的也有小孩的。红红就住在这个小区内,并在红月亮幼儿园上学。每天放学,妈妈把红红从幼儿园接回家。由于路途很近,不需要几分钟就可以到家,所以红红经常会在离开幼儿园后,到小区的健身区里去玩。这一天放学后,妈妈带着红红去玩滑梯,第三次滑下后,红红就跑向荡秋千的地方去,不巧地上有一个坑洞,红红一脚踏进坑洞里摔倒了,造成右股骨骨折,花去医疗费 3 万余元。红红父母向物业提出赔偿要求未果,就一纸诉状将小区的物业公司及其上级公司告上了法院,要求赔偿各项损失 5 万余元。

【分析】

这是一起幼儿园外的幼儿伤害事故,纠纷发生在家庭与小区物业之间。由于伤害事件发生在放学之后,又在幼儿园之外,所以与幼儿园没有任何关系。

《物业管理条例》规定,物业公司对物业区域内存在的安全隐患,负有及时消除危险的义务。健身区的坑洞已经存在一段时间,物业公司却未采取能够预防或消除危险的必要措施,导致红红摔倒受伤,亦是对法定义务的违反。故物业公司应承担相应赔偿责任。

幼儿是在妈妈的带领下,在健身区玩耍的,妈妈是监护人,这一事件与妈妈的看护不当有直接的关系。所以,监护人也就承担相应的责任。

法院经过对事故发生的原因及双方当事人的过错程度综合分析后,最终判决物业公司承担一半责任,其上级公司在物业公司财产不足偿还上述债务时承担清偿责任;监护人承担一半责任。

【建议】

1. 小区内提供健身器材是一件好事,但管理方要经常检查场地及器材的情况,避免意外事件的发生。

2. 父母作为监护人,要细心照料孩子,不能粗心大意,任何疏忽都有可能导致不应有的伤害事故。

主要参考文献

[1] 教育部基础教育司.《幼儿园教育指导纲要（试行）》解读[M].南京：江苏教育出版社,2002.

[2] 中国学前教育研究会.中华人民共和国幼儿教育重要文献汇编[M].北京：北京师范大学出版社,1999.

[3] 杨莉君.学前教育政策法规概论[M].长沙：湖南师范大学出版社,2008.

[4] 劳凯声.教育法论[M].南京：江苏教育出版社,1993.

[5] 王相荣等.幼儿教育政策与法规[M].北京：新时代出版社,2008.

[6] 余稚风.新编教育法[M].上海：华东师范大学出版社,2008.

[7] 何晓夏.简明中国学前教育史[M].北京：北京师范大学出版社,2007.

[8] 周天枢.幼儿园 100 个法律问题[M].广州：新世纪出版社,2010.

[9] 张燕,邢利娅.幼儿园管理案例及评析[M].北京：北京师范大学出版社,2002.

[10] 唐淑,钟昭华.中国学前教育史[M].北京：人民教育出版社,2002.

[11] 蔡迎旗.学前教育概论[M].武汉：华中师范大学出版社,2006.

[12] 牟映雪.新中国幼儿教育变革与发展[M].重庆：重庆大学出版社,2004.

[13] 教育部政策研究与法制建设司.学生伤害事故处理办法释义及实用指南[M].北京：中国青年出版社,2002.

[14] 魏振瀛.民法[M].北京：北京大学出版社,2007.

[15] 王利明,杨立新.侵权行为法[M].北京：法律出版社,1996.

[16] 教育部人事司.教育法制基础[M].北京：北京师范大学出版社,2002.

[17] 李连宁,孙葆森.教育法制概论[M].北京：教育科学出版社,1997.

[18] 孙葆森,刘惠容,王悦群.幼儿教育法规与政策概论[M].北京：北京师范大学出版社,1998.

[19] 张乐天.教育法规导读(第三版)[M].上海：华东师范大学出版社,2007.

[20] 陆士桢.未成年人保护手册[M].北京：中央民族大学出版社,1996.

［21］　庞丽娟.中国教育改革 30 年. 学前教育卷［M］.北京：北京师范大学出版社,2009.

［22］　劳凯声.中国教育改革 30 年. 政策与法律卷［M］.北京：北京师范大学出版社,2009.

［23］　本书编委会.“五五”普法教师读本(教育行政干部通用)［M］.南京：江苏人民出版社,2006.

［24］　秦梦群.美国教育法与判例［M］.北京：北京大学出版社,2006.

［25］　王雪梅.儿童权利论——一个初步的比较研究［M］.北京：社会科学文献出版社,2005.

［26］　朱家雄.幼儿园课程的理论与实践［M］.上海：华东师范大学出版社,2010.

［27］　夏力.回归生活：幼儿园教育活动案例及评析［M］.上海：复旦大学出版社,2008.

［28］　王春燕.给幼儿园教师的 101 条建议·幼儿园课程［M］.南京：南京师范大学出版社,2009.

［29］　顾明远,石中英.《国家中长期教育改革和发展规划纲要(2010—2020 年)》解读［M］.北京：北京师范大学出版社,2010.

图书在版编目(CIP)数据

幼儿教育法规与政策/童宪明主编. —3 版. —上海：复旦大学出版社，2021.12(2025.2 重印)
ISBN 978-7-309-16013-0

Ⅰ.①幼…　Ⅱ.①童…　Ⅲ.①学前教育-教育法-中国-幼儿师范学校-教材②学前教育-教育政策-中国-幼儿师范学校-教材　Ⅳ.①D922.161

中国版本图书馆 CIP 数据核字(2021)第 229309 号

幼儿教育法规与政策(第三版)
童宪明　主编
责任编辑/赵连光

复旦大学出版社有限公司出版发行
上海市国权路 579 号　邮编：200433
网址：fupnet@ fudanpress.com　http://www.fudanpress.com
门市零售：86-21-65102580　　团体订购：86-21-65104505
出版部电话：86-21-65642845
上海盛通时代印刷有限公司

开本 890 毫米×1240 毫米　1/16　印张 9　字数 185 千字
2025 年 2 月第 3 版第 7 次印刷

ISBN 978-7-309-16013-0/D・1110
定价：38.00 元